Lütz Behrendt & Jens Stumpf

Leckeres aus der

Kartoffelkiste

Lüte Behrendt & Jens Stumpf

Leckeres aus der

Kartoffelkiste

Landbuch
Verlag Hannover

Behrendt, Lutz & Stumpf, Jens:
Leckeres aus der Kartoffelkiste / Lutz Behrendt & Jens Stumpf
2. Auflage – Hannover: Landbuch Verlag Hannover, 2005.
ISBN 3 7842 0621 2

©Landbuch Verlagsgesellschaft mbH Hannover
  Postfach 160, 30001 Hannover
  Kabelkamp 6, 30179 Hannover
  Tel.: 05 11 / 6 78 06-0
  Fax: 05 11 / 6 78 06 - 2 20
  http://www.landbuch.de

Hinweis:

Alle in diesem Buch enthaltenen Angaben, Daten, Ergebnisse etc. wurden von den Verfassern nach bestem Wissen erstellt und von ihnen und dem Verlag mit größtmöglicher Sorgfalt überprüft. Eine Verantwortung und Haftung für etwaige inhaltliche Unrichtigkeiten kann jedoch nicht übernommen werden. Der Haftungsausschluss gilt nicht, soweit nach dem Produkthaftungsgesetz für Personen- und Sachschäden gehaftet wird. Jeder Leser muss beim Umgang mit den genannten Stoffen, Materialien, Geräten usw. Vorsicht walten lassen, Gebrauchsanweisungen und Herstellerhinweise beachten sowie den Zugang für Unbefugte verhindern.

Projektleitung und Redaktion: Ulrike Clever, Landbuch Verlag Hannover
Berater: Erhard Brütt, Landbuch Verlag Hannover
Titelbildfotos und Menüfotos: Peter Gauditz, Hannover

detaillierter Bildquellennachweis auf S. 189
Titelgestaltung und Layout: DRAG 'N DROP – Büro für visuelle Kommunikation
Druck: J. P. Himmer GmbH & Co. KG, Augsburg
Gesamtherstellung: Landbuch Verlag Hannover

ISBN 3 7842 0621 2

Liebe Hobby- und Profiköche!

Noch ein Kochbuch über die Kartoffel zu schreiben mag Ihnen angesichts des großen Angebots an Büchern zu gerade diesem Thema mutig erscheinen. Nimmt man allerdings als leidenschaftliche Köchin

oder Koch eines dieser meist üppig aufgemachten Bücher zur Hand, ist man nicht selten enttäuscht, wie wenig Informationen und hilfreiche Erklärungen darin zu finden sind. Oft halten auch die Rezepte nicht den Anforderungen einer modernen, professionellen dabei qualitäts- und ernährungsbewussten Küche stand.

Mit dem vorliegenden Buch sollen Sie bessere Erfahrungen machen. Wir sind hier angetreten, um Ihnen ein unterhaltsames und dabei informatives Kochbuch zum Thema Kartoffeln anzubieten. Lassen Sie sich überraschen, wie lecker und überaus vielseitig sich die unscheinbaren Knollen verarbeiten lassen und selbst anspruchsvollen Essern ein kulinarisches Vergnügen bereiten.

Ausgehend von den unterschiedlichen Verarbeitungseigenschaften und Grundzubereitungen der verschiedenen Kartoffelsorten, geben wir eine Einführung in eine vielfältige, kreative Kartoffelküche, die zum Nachkochen und Genießen einlädt.

Die Rezepte wurden von uns sehr detailliert ausgearbeitet und erklärt. Zu fast allen Rezepten geben wir darüber hinaus Profi-Tipps aus der Restaurantküche.

Bewusst umfasst die Auswahl auch überarbeitete Rezepte traditioneller Kartoffelspeisen, die wir meist in „abgespeckter" Form auf unsere veränderten Ernährungsgewohnheiten und auf modernere Gartechniken abgestimmt haben. Damit knüpfen wir an die geschichtlichen Wurzeln der Kartoffelküche in der traditionellen, bäuerlichen Landküche an. Aus diesem Grund macht die Veröffentlichung des vorliegenden Buches in der Linie der Landküche des Landbuch Verlages Sinn. Wie der Band „Speisekammer Wald und Heide" liefert dieses Buch einen Beitrag zur „Neuen regionalen Küche". Diesem Küchentrend liegt die erklärte Absicht zu Grunde traditionelle Gerichte und typische regionale Produkte für die anspruchsvolle Küche und den anspruchvollen Genießer neu wiederzuentdecken.

Wir hoffen, dass Sie unsere Leidenschaft für gekonnt zubereitete Kartoffelgerichte teilen und wünschen Ihnen viel Vergnügen und guten Appetit

Lutz Behrendt   Jens Stumpf

Inhaltsverzeichnis

Von der Wild- und Zierpflanze zum Grundnahrungsmittel

Die Kartoffel hat eine einzigartige Karriere unter den Nahrungsmitteln vorzuweisen. Heute gibt es kaum einen Kulturkreis, der die Kartoffel nicht in der ein oder anderen Art in seinen Speiseplan integriert hat. Der deutschsprachige Raum hat jedoch eine ganz eigene und besonders enge Verbindung zu dieser tollen Knolle, von der das vorliegende Kochbuch handelt.

Von der neuen in die alte Welt

Als die spanischen Konquistadoren um 1565 über Spanien und 1586 über Irland die unscheinbare Wurzelverdickung eines Nachtschattengewächses aus der Neuen Welt nach Europa mitbrachten, hatte dieses Gewächs noch nicht viel mit unseren heutigen Kartoffelsorten gemein.

Die ursprüngliche Heimat unserer Kartoffeln ist das karge Hochland der Anden. Aufgrund der dort vorherrschenden nährstoff- und wasserarmen Böden waren die Knollen wesentlich kleiner als unsere gezüchteten Sorten und schmeckten eher bitter. Aufgrund ihrer Herkunft hatten die übersiedelten Pflanzen ganz spezifische Anforderungen an Klima und Boden. So verwundert es nicht, dass die ersten

Anbau- und Vermehrungsversuche im deutsch-sprachigen Raum äußerst kläglich verliefen.

Interesse erweckte die Kartoffelpflanze zunächst weniger als Nahrungsmittel, sondern ihre wenigen kleinen, matt purpurroten Blüten verbreiteten den exotischen Reiz der Neuen Welt. Für etwa 100 Jahre fristete die Kartoffel in einigen botanischen Zier- oder Heilpflanzengärten als botanische Rarität ein Schattendasein. Ihr Potential als Grundnahrungsmittel wurde zunächst noch nicht erkannt. Dies verwundert nicht, denn die ersten Annäherungsversuche an das Nahrungsmittel Kartoffel führten zu qualvollen und tödlich endenden Vergiftungen. Anstelle der Knollen verzehrten die Pioniere aus Unkenntnis die grünen, sehr solaninreichen Samenkapseln, die wegen ihrer Farbe und Form auch als Kartoffeläpfel bezeichnet werden. Für viele Zeitgenossen war es damals undenkbar, das die unterirdisch wachsenden Knollen der essbare Teil der Pflanze sein sollte. In literarischen Zeugnissen wird der Geschmack der Knollen geringschätzig als mehlig, erdig und als unangenehm beschrieben.

Trotz dieser negativen Bewertungen erfolgten 1586 die ersten größeren Anbauversuche in irischen Feldern. Sir Walter Raleigh, ein Weggefährte Francis Drakes, erhielt als Belohnung für einige Raub- und Entdeckungsfahrten nach Übersee von Königin Elisabeth I. Ländereien in Irland, auf denen er Tabak und Kartoffeln anpflanzte. Auch hier verlief der Anbau zunächst nur mit geringem Erfolg, weil die Sorten mit den klimatischen Bedingungen und den schweren irischen Böden nicht zurecht kamen.

Die ersten Kartoffelkulturen in Deutschland gab es in Westfalen um 1640 und in Nürnberg um 1651. Damals befand sich der Kartoffelanbau noch ganz im Experimentierstadium. Die Erträge waren gering und noch weit davon entfernt mit dem Getreide, dem damaligen Grundnahrungsmittel, zu konkurrieren. Die geernteten Kartoffeln wurden oft nur als Viehfutter verwertet.

Kartoffelanbau als Experiment, später als Befehl

Nur wenige Bauern wagten das Experiment, auf Kartoffelanbau um-
zustellen. Missernten und Kriege führten auch ohne riskante Anbau-
planungen immer wieder zu Hungersnöten. Deshalb kann man es den
Landwirten der damaligen Zeit nicht verdenken, dass sie am
althergebrachten Getreideanbau mit festgelegter Fruchtfolge, der so
genannten Dreifelderwirtschaft, festhielten: Auf einem Drittel des
Landes wurde Wintergetreide angebaut und auf dem zweiten Drittel
Sommergetreide. Das letzte Drittel lag brach, um sich für das folgende
Anbaujahr zu regenerieren. Für die Kartoffel war in diesem System
zunächst kein Platz.

Ab 1750 gab es in Preußen für die staatlichen Domänen die
Ermahnung und den Befehl zum Kartoffelanbau, der später auch auf
die privaten Bauern ausgedehnt wurde. Mit zunehmenden Erträgen
und neuen Zuchterfolgen, die besser an die klimatischen Bedingungen
in Deutschland angepasst waren, begann der Kartoffelanbau sich zu
verbreiten und zu etablieren.

Die Schlesischen Kriege und dramatische Getreide-Missernten gegen
Ende des 18. Jahrhunderts verhalfen der Kartoffel schließlich zu
allgemeiner Wertschätzung als hochwertiges, gesundes Grundnahrungsmittel – neben dem Getreide.

Dass das Misstrauen gegen die „neue" Frucht aber immer noch nicht
ganz abgestellt war, belegt die 1799 in Berlin verlegte Schrift:
„Vorläufige Beantwortung der Frage: ob der allzu häufige Genuß der
Kartoffel zum Wahnsinn etwas beitrage".

MODERNE, ZWEIREIHIGE KARTOFFELVOLLERNTEMASCHINE IM EINSATZ.

Vom ländlichen Speiseplan in die Haute Cuisine

Dennoch blieb die Kartoffeln zunächst eine Frucht der bäuerlichen und ländlichen Küche. Die Grundzutat der typischen „arme Leute Essen". In dieser Tradition sind zahlreiche überlieferte, schlichte Kartoffelrezepte zu sehen, die bis heute noch vielerorts den Speiseplan bereichern und zur „Hausmannskost" zählen, wie „Kartoffeln mit Leinöl", „Himmel und Erde" oder „Kartoffeln mit Quark". Die Kartoffel als Grundnahrungsmittel trat damals ihren Siegeszug an.

DIE KARTOFFELN WERDEN BEREITS BEIM ERNTEN VON STEINEN UND KRAUT GETRENNT.

Die Oberschicht und die Feinschmecker der damaligen Zeit bedachten die so verbreitete „Tartüffel" mit Ablehnung und Geringschätzung. Der Ausspruch

> „Wem Cartuffeln schmecken sollen, muß nicht an gebratenen Fasanen riechen dürfen!"

brachte diese Einstellung auf den Punkt.

Mit der einsetzenden Industrialisierung entwickelte sich mit dem aufstrebenden Bürgertum eine „gut bürgerliche Küche". Die Kartoffelrezepte wurden aufwändiger und mit zunehmendem Wohlstand nahm

DAS ERNTEGUT WIRD FÜR DIE LAGERUNG VORBEREITET.

die Kartoffel jetzt mehr den Stellenwert einer Sättigungsbeilage ein.

Die wichtigsten Impulse erhielt die Bürgerküche jener Zeit aus der großen, französischen Kochkunst, der „Haute Cuisine". Mitte des 19. Jahrhunderts entstanden vielfältige Sättigungsbeilagen aus Kartoffeln. So wurden Klassiker wie die Pommes frites entwickelt, für die sich bis heute der ursprüngliche, französische Namen erhalten hat.

Zu jener Zeit begründete sich zudem eine anspruchsvolle Tafelkultur, bei der die Harmonie der Speisen, d. h. ihre Zusammenstellung und Menüabfolge, ein äußerst wichtiges Element darstellte. Eine Kartoffelbeilage durfte nur einmal innerhalb des Menüs gereicht werden und musste in Niveau und Geschmack mit dem jeweiligen Gericht korrespondieren.

Kartoffeln haben heute zu unrecht einen schlechten Ruf

Heute kann man zunehmend den Trend feststellen, dass mehrgängige Menüs ohne eigentliche „Sättigungsbeilagen" angeboten werden. Dies liegt zum einen an den veränderten Lebensumständen: weniger körperliche Arbeit und kein echtes Hungergefühl mehr. Satt zu werden ist in unserer Wohlstandsgesellschaft kein Problem mehr – im Gegenteil, Übergewicht und zahlreiche ernährungsabhängige Zivilisations-Krankheiten plagen die heutige Gesellschaft. Eines der Grundübel der zivilisierten Staaten dürfte die bestehende Bewegungsarmut sein.

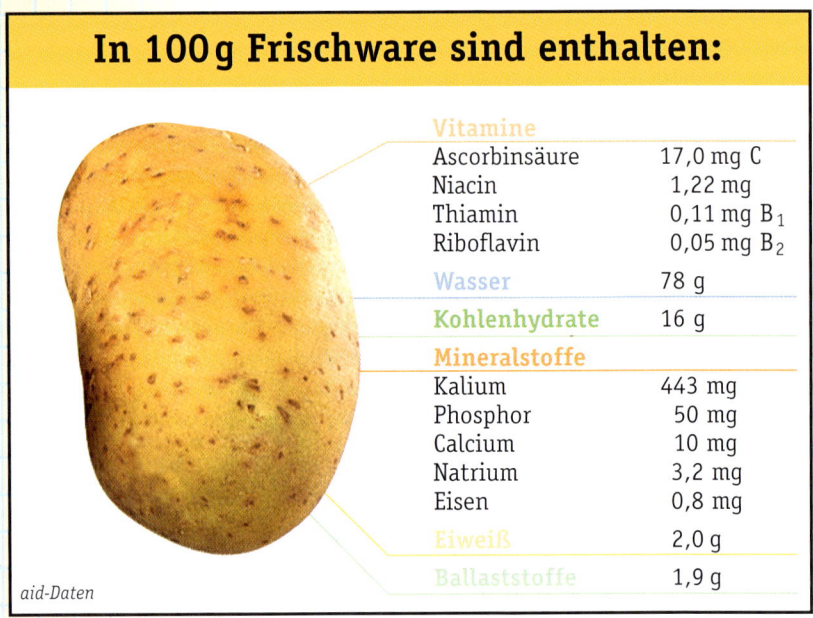

In 100 g Frischware sind enthalten:

Vitamine	
Ascorbinsäure	17,0 mg C
Niacin	1,22 mg
Thiamin	0,11 mg B_1
Riboflavin	0,05 mg B_2
Wasser	78 g
Kohlenhydrate	16 g
Mineralstoffe	
Kalium	443 mg
Phosphor	50 mg
Calcium	10 mg
Natrium	3,2 mg
Eisen	0,8 mg
Eiweiß	2,0 g
Ballaststoffe	1,9 g

aid-Daten

Fleisch und Fisch, Soßen und Gemüse bestimmen den Speiseplan der westlichen Welt. Sie stehen derzeit höher im Kurs als Kartoffeln und Körner. Auf Kartoffeln oder andere Sättigungsbeilagen wird unter dem Diktat des Kalorienzählens oft verzichtet. Mode-Diäten wie die derzeit sehr populäre Idee der Trennkost unterstützen diese Ernährungsweise. In der Praxis stehen diese Ideen jedoch einer gesunden und ausgewogenen Ernährung entgegen, zu der auch die Nahrungsmittel der Kohlenhydratgruppe gehören, die im gleichen Maße berücksichtigt werden müssen wie die Nahrungsmittel der Eiweißgruppe.

Die Kartoffel ist kein Dickmacher, sondern eine diätetische Nährstoffbombe

Kartoffeln stehen zu Unrecht im Ruf des kalorienreichen Dickmachers. Genauer betrachtet enthalten sie, je nach Sorte, fast 80 % Wasser und einen Ballaststoffgehalt von 2 %. Darüber hinaus sind sie annähernd fettfrei. Wenn die Kartoffel nicht gerade im Fettbad zubereitet wird, bringt sie alle Voraussetzungen für ein diätetisches Vollnahrungsmittel mit:

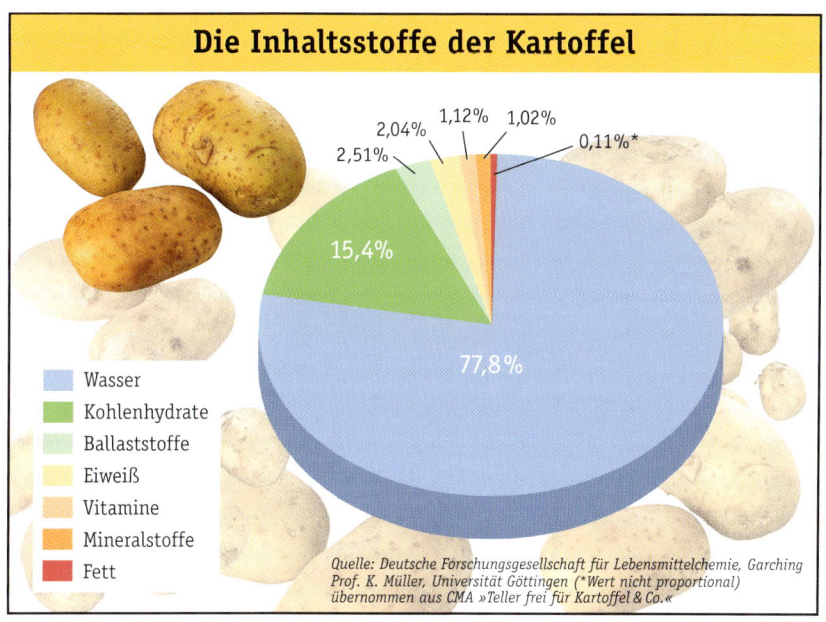

Die Inhaltsstoffe der Kartoffel

2,51 %
2,04 %
1,12 %
1,02 %
0,11 %*
15,4 %
77,8 %

- Wasser
- Kohlenhydrate
- Ballaststoffe
- Eiweiß
- Vitamine
- Mineralstoffe
- Fett

*Quelle: Deutsche Forschungsgesellschaft für Lebensmittelchemie, Garching Prof. K. Müller, Universität Göttingen (*Wert nicht proportional) übernommen aus CMA »Teller frei für Kartoffel & Co.«*

Sie sättigt, ohne uns mit überflüssigen Kalorien zu belasten. 100 g Kartoffelfleisch enthalten 68 kcal oder 285 kJ – damit ist die Knolle geradezu ideal für Schlankheitskuren. Verhängnisvoll für die Figur sind lediglich die leckeren Soßen oder die schmackhafte Butterflocke, die gerne zu Kartoffeln verzehrt wird.

Sie sind leicht verdaulich und können auch als Schonkost verzehrt werden. 100 g der Knollen enthalten ca. 2 bis 3 g Ballaststoffe, die nicht nur einen Sättigungseffekt bewirken, sondern sich auch vorteilhaft auf die Verdauung auswirken. Ein weiterer Vorzug ergibt sich aus der cholesterinsenkenden Wirkung der Knolle.

Kartoffeln zählen zu den preiswerten Nahrungsmitteln, die das ganze Jahr über erhältlich sind und sich auch gut lagern lassen.

Für ein pflanzliches Nahrungsmittel besitzt sie eine außergewöhnlich hohe biologische Wertigkeit, liefert sie doch etwa 15 % Kohlenhydrate und 2 % Eiweiß.

Auch die Wirkstoffbilanz der Kartoffel lässt sich loben. Kartoffeln enthalten viel Vitamin C, wichtige Vitamine der B-Gruppe und zahlreiche physiologisch wirksame Mineralstoffe wie Kalium, Phosphor, Calcium und Eisen.
  Schon drei Kartoffeln decken mehr als die Hälfte des Vitamin-C-Bedarfs eines Erwachsenen. Hinzu kommen weitere nützliche Vitamine, Mineralstoffe und Spurenelemente.

Kartoffeln besitzen einen relativ hohen Kaliumgehalt, durch das viel Wasser aus dem Körper ausgeschwemmt werden kann.
Diese positiven Eigenschaften erklären den Stellenwert der Kartoffelgerichte in der Vollwertküche.

Da sich die Nährwerte direkt unter der Schale befinden, sollten Kartoffeln möglichst dünn geschält werden. Noch günstiger ist es, wenn die Kartoffeln mit ihrer Schale als Pellkartoffeln gekocht oder als Ofenkartoffeln gebacken werden.

Selbst das Kochwasser von abgekochten geschälten oder zerkleinerten Kartoffeln ist noch sehr nützlich, denn es ist mit Mineral- und Nährstoffen angereichert und enthält sehr viel Stärke. Es kann verwendet werden als

a) geschmacksverfeinernder Grundstoff von Soßen und Suppen.

b) Bindemittel von anzudickenden Speisen.

c) Reinigungsmittel, das angelaufenes Silberbesteck durch ein Bad wieder wie neu erstrahlen lässt. Selbst Glasscheiben und Textilien lassen sich durch heiß übergossene saubere Kartoffelschalen preisgünstig säubern.

Auch in der Heilkunde fand die Kartoffel Verwendung, so setzten unsere Großmütter Kartoffelbrei als entzündungshemmende Kompressen ein, indem sie eine heiße Pellkartoffel in Milch und Eigelb verkneteten und mit einem Tuch umhüllt auf die schmerzende Stelle legten. Diese warmen, gefüllten Umschläge sollen auch heute noch bei Hexenschuss oder Augenentzündungen helfen.

Sogar in der Kunst spielt die Kartoffel eine Rolle. Hier sei nur an den Kartoffeldruck erinnert.

Die Kartoffel ist wahrlich eine tolle Knolle. Unter ihrer Schale hält sie für uns ein reichhaltiges Nährstoff-Depot bereit!

Tipps für die Kartoffelküche

Kartoffeln gelten als unkomplizierte Nahrungsmittel, die in der Küche problemlos und sehr mannigfaltig eingesetzt werden können. Tatsächlich sind die tollen Knollen in der Praxis unproblematisch, wenn man die Besonderheiten der einzelnen Sorten und einige Zubereitungsgrundsätze berücksichtigt.

Die handelsüblichen Kartoffelsorten

Auf dem Markt findet der Verbraucher mittlerweile eine große Vielfalt an Kartoffeln. Nach der Beschreibenden Sortenliste „Kartoffel" aus dem Jahre 2001 des Bundessortenamtes in Hannover gibt es derzeit 185 anerkannte Kartoffelsorten. Da es sich bei unseren Speisekartoffeln um Kulturzüchtungen handelt, bauen die Sorten schon nach mehr oder weniger vielen Jahren in ihrer Entwicklung ab. Aufgrund der begrenzten Lebenszeit ist es unumgänglich, dass ständig neue Sorten gezüchtet werden müssen. Bei unseren Kartoffeln handelt es sich also überwiegend um Jungzüchtungen, denn nur einige wenige Kartoffelsorten haben sich über Jahrzehnte erhalten.

Auf eine langjährige Küchentradition können folgende Kartoffelarten zurückblicken:

- Sieglinde (*1955)
- Hansa   (*1956)
- Grata   (*1955)
- Désirée (*1962)

Manche Kartoffelsorten erlangen lediglich regionale Bedeutung, da sie nur in dieser Region angebaut werden. Hier kann man teilweise auf ganz besondere Geschmacksrichtungen treffen.

Leider sind heute die einzelnen Kartoffelsorten und ihre Eigenschaften nur noch Experten und besonders Interessierten bekannt. Ein wenig mehr Wissen über unser Grundnahrungsmittel könnte manchem Malheur vorbeugen.

© CMA

SIEGLINDE

Der Zeitpunkt der Ernte

Die Sorten und insbesondere der Erntezeitpunkt beeinflussen die Eigenschaften und Zusammensetzung der Kartoffeln. Wärme und Feuchtigkeit während der Wachstumsperiode bestimmen genauso wie die Wachstumsgeschwindigkeit den Stärke- und Eiweißgehalt der Knollen und ihre Lagerfähigkeit. Diese Eigenschaften wirken sich wiederum auf die Verarbeitung in der Küche und auf das Kochverhalten aus.

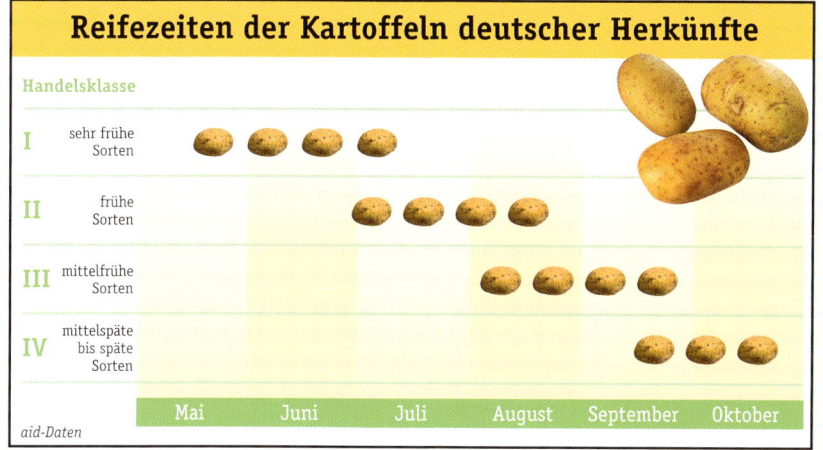

Reifezeiten der Kartoffeln deutscher Herkünfte

Handelsklasse

		Mai	Juni	Juli	August	September	Oktober
I	sehr frühe Sorten						
II	frühe Sorten						
III	mittelfrühe Sorten						
IV	mittelspäte bis späte Sorten						

aid-Daten

Die Frühkartoffeln

Die „sehr frühen Sorten", die zunächst unter Folien heranreifen und wachsen, kommen bereits Ende Mai auf den Markt. Ab Anfang Juli werden dann die eigentlichen „Frühkartoffeln" aus deutschem Anbau oft unter der Bezeichnung „neue Kartoffeln" angeboten. Sie stammen häufig aus dem Raum Hannover, aus Gebieten am Niederrhein, der Pfalz oder aus Mecklenburg und Bayern, denn hier gibt es Anbaugebiete, in denen bereits im Frühjahr ein gemäßigtes Klima den Anbau begünstigt bzw. große, mit Folien bedeckte Plantagen die Pflanzen und Früchte schützen.

Frühkartoffeln aus anderen Ländern (z. B. Italien) können oft schon ab Februar bei uns erworben werden.

Frühkartoffeln sind schnell wachsende Sorten mit dünner Schale, geringem Stärkeanteil und vergleichsweise hohem Wassergehalt. Ihre Schalen können mit gegessen werden, wenn sie vor dem Garen gut abgeschrubbt werden. Die meisten „sehr frühen" und „frühen Sorten" sind vorwiegend fest kochend. Zu den „sehr frühen Sorten" gehören z. B. Arkula, Atica, Berber, Christa, Leyla oder Velox. Beispiele für „frühe Kartoffeln" sind u. a. Cilena, Karlena, Marabel und Rikea.

Nach der Handelsklassenverordnung werden als Speisekartoffeln „Speisefrühkartoffel" definiert, die nach ihrer Ernte bis maximal zum 10. August des selben Jahres verladen werden müssen. Speisefrühkartoffeln zählen zu den „fest kochenden" und „vorwiegend fest kochenden" Kartoffelsorten.

Der hohe Wassergehalt führt zu einer geringen Haltbarkeit, die nur 2 bis 3 Wochen selten übersteigt. Frühkartoffeln sollten deshalb im Kühlschrank aufbewahrt oder besser noch rasch gegessen werden. Wegen ihres hohen Wasser- und geringen Stärkeanteils sind diese Sorten gänzlich ungeeignet für die Herstellung von Pürees und allen sonstigen Kartoffelmassen. Werden z.B. Kroketten aus Frühkartoffeln hergestellt, dann platzen sie in der Friteuse, weil der beim Frittieren in der Krokette entstehende Wasserdampf die Panade sprengt. Auch Kartoffelklöße aus Frühkartoffeln gelingen nicht, da sie wegen der fehlenden Stärke zu wenig Bindung erhalten.

Traditionell werden die ersten Frühkartoffeln zu frischem Spargel und mildem Knochenschinken (z. B. Holsteiner Katenrauchschinken) oder zum neuen Matjes gereicht. Sie harmonieren hervorragend mit frischem Kräuterquark und eignen sich gut für selbst gemachte Kartoffelsalate.

Die „Sommerkartoffeln"

Ab August kommen die „mittelfrühen Sorten", wie Agria, Granola, Linda, Hansa, Quarta, Satina, Solara und Secura auf den Markt. Sie sind etwas stärkereicher und mit etwa 5 bis 8 Wochen schon erheblich lagerfähiger als Frühkartoffeln.

Ab Mitte September gehören die „mittelspäten Sorten", wie Aula und Datura zu den „neuen Kartoffeln".

Die Spätkartoffeln

Die eigentlichen Lager-Kartoffeln sind die „mittelspäten" bis „sehr späten Sorten", die ab Mitte September bzw. bis Mitte Oktober geerntet werden. Sie stellen den größten Anteil der jährlichen Kartoffelernte. Die bekanntesten „späten" Sorten sind Aula und Donella.

Spätkartoffeln haben heute eine geringere Bedeutung, da sie in Privathaushalten immer weniger für die Versorgung im Winter eingekellert werden. Sie werden heute überwiegend im industriellen Maßstab in einer künstlichen Atmosphäre bei 6 bis 8 °C gelagert, sodass sie das ganze Jahr in vorzüglicher Güte auf dem Markt erhältlich sind. Diese voll ausgereiften Kartoffeln bilden den schmackhaften Rohstoff für eine vielseitige Kartoffelküche. Dabei ist immer darauf zu achten, dass die unterschiedlichen Koch- und Verarbeitungseigenschaften der unterschiedlichen Sorten jeweils auf die einzelnen Gerichte abgestimmt sind.

Wirtschaftssorten

Daneben gibt es noch Kartoffelsorten, die nicht im Handel erhältlich sind, sondern als so genannte „Wirtschaftssorten" für die industrielle Herstellung von Kartoffelprodukten wie Kartoffelschnaps, Kartoffelchips oder Kartoffelstärkemehl verwendet werden.

Neuschöpfungen im deutschen Kartoffelanbau sowie eingeführte fremdländische Sorten

Auf dem deutschen Markt werden immer häufiger auch exotisch anmutende Neuzüchtungen oder Kartoffeln aus anderen Ländern angeboten. Haben Sie z. B. schon einmal folgende Sorten gesehen?

Rote Kartoffeln

Die sehr frühe Sorte „Rosara" oder die mittelfrühe „Laura" besitzen eine rote Schale, ihr Fruchtfleisch ist jedoch gelb.

Unterschiedliche Kartoffelformen:

Ob oval, rund, langoval, lang, sehr lang oder länglich, jede Kartoffelsorte hat ihre figürlichen Eigenheiten.

Die länglich geformten „Würzburger Hörnchen" weisen eine fingerartige Form auf. Sie sollten aufgrund ihres aromatischen Eigengeschmacks nur vorsichtig gebürstet und in der Pfanne leicht angeröstet werden. Eine erlesene Gaumenfreude!

Auch die aus Frankreich stammende „Ratte" besitzt eine längliche Form. Sie wird per Hand geerntet und als Salzkartoffel zubereitet. Ein Doppelzentner kann derzeit für ca. 150,- EUR erworben werden.

Blaue Kartoffeln

Als absolutes Novum der Kartoffelzüchtung gelten derzeit die „Vitelott" und eine finnische Neuzüchtung.

Die „Vitelott" weist violettes, farbechtes Fleisch auf und ist mit einer schwarzblauen Schale umgeben. Ihre Form ist noch nicht einheitlich, sondern bildet oft kleine Ausbuchtungen. Diese Kartoffelsorte ist in der Mitte violett und fächert nach außen leicht aus. Ihre Stärke wird schnell mehlig.

Geschmacklich unterscheidet sie sich von ihren gelbfleischigen Verwandten nur durch ein leicht nussiges Aroma.

Sie wird in Frankreich und in Süddeutschland angeboten. Ein Doppelzentner kostet derzeit um 176,- EUR. Bei diesem Preis wird sie bisher nur als Dekorationsmittel eingesetzt, z.B. indem man den Kartoffelsalat mit einigen wenigen Scheiben verschönert.

Die finnische blaue Kartoffel ist kleiner als die „Vitelott" und in der Farbgebung nicht ganz so blau.

Verwandte Knollen

Der Vollständigkeit halber sei hier auch auf zwei kartoffelähnliche Knollen hingewiesen, die bei genauerer Betrachtung aber eigentlich nicht zu den Kartoffelgewächsen gehören:

Süßkartoffeln oder Batate

Die fingerförmigen, vorne spitz zulaufenden, fleischigen Knollen stammen von einem amerikanischen Windengewächs. In einigen tropischen und suptropischen Ländern gehören sie zu den wichtigsten Lebensmitteln. Ihr Früchtfleisch ist orange und erinnert auch geschmacklich an süße Karotten.

Topinambur:

Die Topinamburknollen gehören – wie die Sonnenblume – zur Familie der Helianthus-Pflanzen. Aufgrund ihres nussigen Artischockengeschmacks, ihrer Magenfreundlichkeit und ihres Insulingehaltes haben sie nicht nur bei Diabetikern viele Anhänger gewonnen.

Guter Geschmack hat immer Saison

Auswahl deutscher Speisekartoffeln im Handel

	Sept.	Okt.	Nov.	Dez.	Jan.	Feb.	Mär.	Apr.	Mai
Agria		▥	▥	▥	▥	▥	▥		
Adretta			▦	▦	▦	▦	▦	▦	
Aula			▦	▦	▦	▦	▦	▦	
Cilena	▧	▧	▧	▧	▧	▧	▧	▧	▧
Désirée			▥	▥	▥	▥	▥		
Granola	▥	▥	▥	▥	▥	▥	▥	▥	▥
Hansa	▧	▧	▧	▧	▧	▧	▧	▧	▧
Irmgard			▦	▦	▦	▦	▦	▦	
Likaria			▦	▦	▦	▦	▦	▦	
Linda				▧	▧	▧	▧	▧	▧
Liu	▥	▥	▥	▥	▥	▥	▥	▥	▥
Nicola	▧	▧	▧	▧	▧	▧	▧	▧	▧
Quarta	▥	▥	▥	▥	▥	▥	▥	▥	▥
Satina	▥	▥	▥	▥	▥	▥	▥	▥	▥
Secura	▥	▥	▥	▥	▥	▥	▥	▥	▥
Selma		▧	▧	▧	▧	▧	▧	▧	▧
Solara	▥	▥	▥	▥	▥	▥	▥	▥	▥

Legende:
- ▧ festkochend
- ▥ vorwiegend festkochend
- ▦ mehligkochend

Geschmack nach Noten
Deutsche Speisekartoffeln

Geschmacksnoten	fest-kochend	vorwiegend festkochend	mehlig-kochend
2 Höchste Bewertung für den Geschmack von Speisekartoffeln	Forelle Hansa Linda	Grata	
3 Geschmacks-starke Sorten mit guter Bewertung	Cilena Nicola Renate Selma Sieglinde	Agria Berber Gloria Leyla Quarta Rikea Solara	Adretta Aula Karlena Likaria
4 Ausdrucksvoller Geschmack mit mittlerer Bewertung		Arnika Atica Christa Désirée Granola Karat Liu Marabel Rosara Satina Secura Ukama	

Die Kochtypen –
die Konsistenz des Fruchtfleischs

Je nach ihrer Festigkeit eignen sich Kartoffeln unterschiedlich gut für bestimmte Zubereitungen in der Küche. Wann welche Sorte vorzugsweise einzusetzen ist, das wollen wir nachstehend kurz erläutern.

Wenn die Kartoffeln nicht gerade lose auf dem Markt erworben werden, weisen Schilder oder Verpackungsaufdrucke die Sorten und ihre Kochtypen aus. Einige Kartoffelhändler verwenden für die Ausweisung der Kocheigenschaften die durch die Handelsklassenverordnung festgelegten Farbsymbole:

- grün für fest kochende Kartoffelsorten
- rot für vorwiegend fest kochende Kartoffelsorten
- blau für mehlig kochende Kartoffelsorten

Damit bei der Zubereitung der in diesem Kochbuch zusammengestellten Rezepte jeweils der richtige Kartoffelkochtyp verwendet wird, sind die einzelnen Symbolfarben auch in den Rezepten angegeben.

Fest kochende Sorten

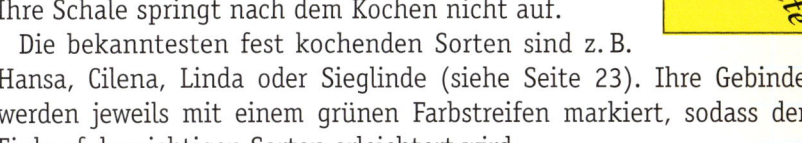

Die Kartoffeln der fest kochenden Sorten enthalten wenig Stärke, aber einen hohen Wassergehalt, sodass sie auch nach dem Garen einen feuchten Anschnitt aufweisen. Sie besitzen ein festes, kerniges Fleisch, das beim Kochen weitestgehend seine Struktur behält. Ihre Schale springt nach dem Kochen nicht auf.

Die bekanntesten fest kochenden Sorten sind z. B. Hansa, Cilena, Linda oder Sieglinde (siehe Seite 23). Ihre Gebinde werden jeweils mit einem grünen Farbstreifen markiert, sodass der Einkauf der richtigen Sorten erleichtert wird.

Fest kochende Kartoffeln eigenen sich grundsätzlich für alle Zubereitungen, bei denen die gewählte Schnittform der Kartoffel auch nach dem Garen erhalten bleiben soll. Damit sind sie besonders ideal für die Zubereitung von Pellkartoffeln, Kartoffelsalaten und Bratkartoffeln.

Wegen ihres geringen Stärkeanteils haben diese Sorten beim Braten und Frittieren ein nur mäßiges Bräunungsvermögen.

Vorwiegend fest kochende Kartoffeln

14 bis 16 % Stärke ist den vorwiegend fest kochenden Sorten zu eigen, zu denen u.a. Agria, Atica, Berber, Christa, Granola, Velox und Secura gehören. Ihre Schale reißt beim Kochen leicht auf. Die Schnittfläche ist nach dem Garen etwas trockener als bei den fest kochenden Sorten. Aus diesem Grunde sind die vorwiegend fest kochenden Kartoffeln die idealen Begleiter von Soßen, die sie besonders gut binden und aufnehmen können. Trotzdem behalten sie auch nach dem Kochen eine relativ feste Struktur und zerfallen nur, wenn sie zu lange gegart wurden.

Wegen ihres höheren Stärkegehaltes weisen diese Sorten beim Braten oder Frittieren eine attraktive und schmackhafte Bräunung auf. Sie sind der ideale Rohstoff für die Herstellung von Pommes frites, Bratkartoffeln jeglicher Art, Rösti und Reibekuchen.

Gebinde mit Kartoffeln, die vorwiegend fest kochend sind, werden im Handel mit einem roten Band gekennzeichnet.

Mehlig kochende Kartoffeln

Die bekanntesten Sorten der mehlig kochenden Kartoffeln sind Aula, Karlena und Saturna. Sie werden sehr spät im Jahr geerntet und enthalten etwa 16 % ausgereifte Stärke. Beim Kochen reißt die Schale stark auf und die Kartoffel ist nach dem Kochen sehr weich und zum Teil zerfallen. Das Fleisch der gekochten Kartoffel ist grobkörnig und sehr trocken. Zu lange Garzeiten quittieren mehlige Sorten mit ihrem völligen Zerfall.

Mehlige Kartoffelsorten sind oft äußerst aromatisch. Sie eignen sich ideal für die Herstellung von Pürees, für Kartoffelmassen, wie sie z. B. für Kroketten benötigt werden, oder zum Binden von Suppen und Eintöpfen.

Die mehligen Kartoffeln werden zum großen Teil für die industrielle Stärkegewinnung genutzt und sind deshalb auf dem Markt nur schwer zu bekommen. Gebinde mit diesen Sorten werden mit einem blauen Band markiert.

Hinweise für den Kartoffel-Einkauf

Die „Verordnung über gesetzliche Handelsklassen für Speisekartoffeln" schreibt u.a. vor, dass Kartoffelgebinde nahezu gleich große Kartoffeln enthalten müssen. Jede Kartoffel muss eine Mindestgröße von 30 mm besitzen. Kleinere Kartoffeln können nur als „Drillinge" auf dem Markt angeboten werden. Diese Bestimmungen gelten nicht bei der Direktvermarktung durch den Erzeuger. Fertig abgepackte Kartoffeln, die zum Kauf angeboten werden, müssen auf einem Schild folgende Eigenschaften angeben:

- **Handelsklasse**
- **Sortenbezeichnung**
- **Kochtyp** (teilw. verschiedenfarbene Banderolen
  - grün für fest kochende Kartoffelsorten
  - rot für vorwiegend fest kochende Kartoffelsorten
  - blau für mehlig kochende Kartoffelsorten
- **Verpackungseinheit bzw. Grundpreis pro kg**
- **Herkunftsnachweis, d.h. Anbieter der Kartoffeln**
- **ggf. Sortierung in mm**
- **ggf. Abpackungsdatum**

Der Verbraucher wird also nicht nur über die Güteklasse der Kartoffel informiert, sondern daneben auch über ihren Erntezeitpunkt und ihre Fruchtfleischkonsistenz. Leider geben uns die Handelsklassen jedoch keine Informationen über den Geschmack und die innere Qualität der Kartoffel. Kartoffeln der Güteklasse „Extra" oder „I" können genauso mit schlechter Qualität überraschen wie andere Güteklassen. Wie kann man dennoch Missgriffen vorbeugen?

Geruch und Geschmack

Grundsätzlich am Kartoffelgebinde riechen. Ein fauliger, oft süßlich penetranter Geruch ist ein sicherer Hinweis auf eine verdorbene Charge, die am besten umgehend wieder zurückgelegt werden sollte. Ein abweichender Geruch oder Geschmack kann ein Hinweis auf eine fehlerhafte Düngung oder Lagerung sein.

Insbesondere spät im Jahr geerntete oder transportierte Kartoffeln können durch Frost geschädigt sein. Typisch ist dann der süßliche Geschmack der Kartoffeln, weil unter Einfluss von Minustemperaturen in der Knolle Stärke in Zucker abgebaut wurde.

Neben dem hohen Wassergehalt ist die Gefahr der Stärkeumwandlung der Grund dafür, warum rohe Kartoffeln nicht eingefroren werden können.

Farbe

Kartoffeln sollten eine möglichst gleichmäßige bräunliche Schale aufweisen.
Gebinde mit grün verfärbten Knollen
weisen darauf hin, dass die Kartoffeln zu
lange unter Lichteinfluss standen. In
der Schale und den Randschichten des
Fruchtfleisches hat sich das für Nacht-
schattengewächse typische giftige
Solanin gebildet. Grüne Kartoffeln dürfen nicht verspeist werden!

Form und Größe

Äußerlich sollten die zusammen abgepackten Kartoffeln gleichmäßig,
je nach Sorte oval oder rund, gewachsen sein.

Beschädigungen

Kartoffeln sollten über eine intakte Schale verfügen. Kartoffeln, die
von Schorf befallen sind oder die in ihrer Schale Risse aufweisen,
sollten gemieden werden, denn nur eine feste Schale schützt die
Frucht vor Druck, Austrocknen und Kartoffelkrankheiten.

Keime

Keime sind hingegen oft ein Hinweis auf zu warme und zu helle
Lagerung. Nach ihrem Entfernen dürfen gekeimte Kartoffeln be-
denkenlos verarbeitet werden. Allerdings entzieht der Keimvorgang
der Knolle wichtige Nährstoffe. Je nach Ausmaß verschlechtert sich
der Nährwert der Kartoffel erheblich.

Feuchtigkeit

Kartoffeln mit nassen Stellen sind von Pilzen und Bakterien befallen.
Ein Wegschneiden dieser Stellen reicht nicht aus, um die Knolle wieder
genießbar zu machen. Die gesamte Frucht ist geschmacklich minder-
wertig und die Stoffwechselgifte der Pilze und Bakterien sind für unsere
Gesundheit bedenklich. Je nach Ausmaß sollte das ganze Kartoffelgebinde entsorgt werden.

GRÖSSTER FEIND DER PFLANZE: DER KARTOFFELKÄFER.

Insbesondere bei der Anschaffung größerer Mengen sollte nach Möglichkeit vor dem Kauf eine Kartoffel aus dem Gebinde entnommen und angeschnitten werden, um ihre Farbe, ihren Geruch und Geschmack genau zu überprüfen. Beim Anschneiden können sich folgende Mängel offenbaren, die eine schlechte Kartoffelqualität belegen:

Hohlherzigkeit

Bei sehr großen Kartoffeln, die gerne als Folien- bzw. Backkartoffeln zubereitet werden, ist häufig die Hohl- oder Schwarzherzigkeit anzutreffen.

Schwarzfleckigkeit und Eisenherzigkeit

Weitere Makel, die man beim Anschnitt sofort erkennt, sind die Eisen- oder Schwarzfleckigkeit, die ebenfalls eine erhebliche Qualitätsminderung bedeuten.

Glasigkeit

Die Farbe des Fruchtfleisches sollte gelb sein. Ein zu heller Anschnitt kann ein Hinweis auf Glasigkeit sein. Diese Kartoffelkrankheit ist eine physiologische Wachstumsstörung der Knolle, die sich sehr negativ auf den Geschmack auswirkt. Von einer Verarbeitung ist deshalb abzusehen. Leider ist eine geringe Ausprägung der Glasigkeit kein Mangel im Sinne der Güteklassen, weshalb nur besonders freundliches Verkaufspersonal eine Reklamation akzeptieren wird.

Die Landwirte, die den strengen Kontrollen der Sortenwahl und Aufzucht entsprechen müssen, bemühen sich beim Anbau, der Düngung und der Ernte um größtmögliche Sorgfalt. Auch beim Verkauf und der Lagerung muss eine pflegliche Behandlung der Qualitätskartoffeln folgen, damit der Genuss des Grundnahrungsmittels nicht gemindert wird.

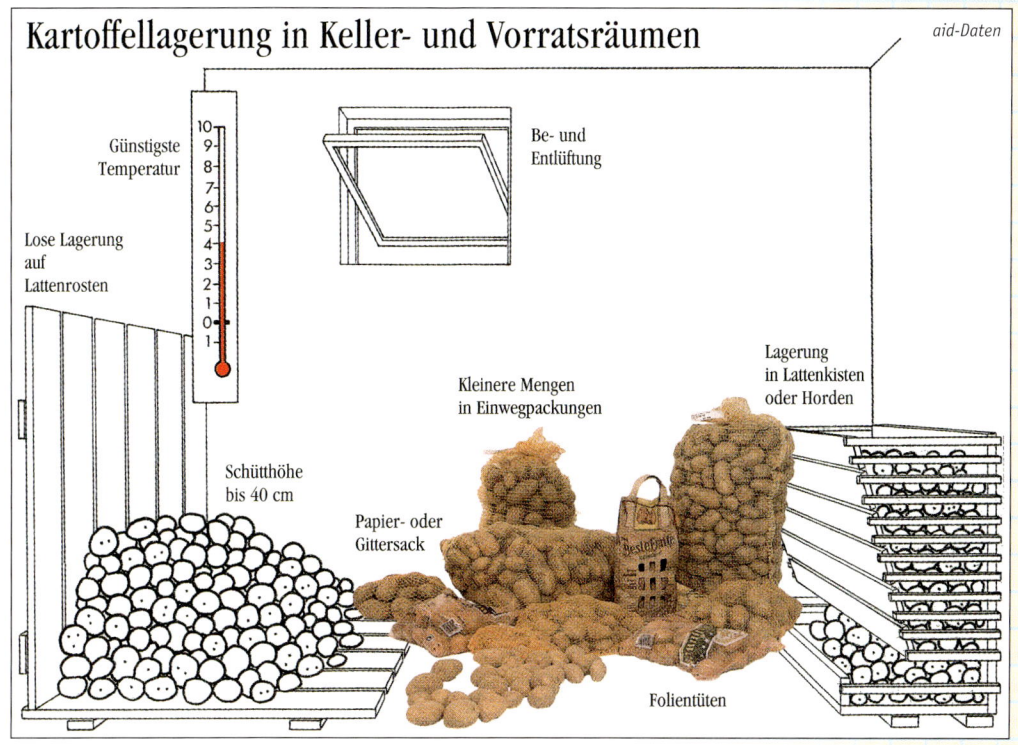

Kartoffellagerung in Keller- und Vorratsräumen

aid-Daten

Günstigste Temperatur

Lose Lagerung auf Lattenrosten

Be- und Entlüftung

Schütthöhe bis 40 cm

Papier- oder Gittersack

Kleinere Mengen in Einwegpackungen

Lagerung in Lattenkisten oder Horden

Folientüten

Lagerung

In Privathaushalten kann heute auf eine längere Lagerung oder das Einkellern von Kartoffeln verzichtet werden, denn Kartoffeln können mittlerweile das ganze Jahr über preiswert und in guter Qualität eingekauft werden. Der Preisvorteil, den man beim Einkauf einer größeren Charge zur Erntezeit genießt, zahlt sich durch die aufwändige Lagerung und Pflege der eingelagerten Kartoffeln kaum aus. Wer sich trotzdem einen Kartoffelvorrat anlegen möchte, beachte folgende Punkte:

- Der ideale Lagerraum für Kartoffeln ist etwa 4 bis 8 °C kühl, keinesfalls muffig, absolut frostfrei und dunkel.
- Eingelagerte Kartoffeln müssen jederzeit gut belüftet und keinesfalls in Plastik verpackt sein, ansonsten beginnen sie zu schwitzen, was den Verderb durch Fäulnis und Pilze begünstigt.
- Bei der Einlagerung und Entnahme muss jeder Stoß und Druck sowie jede sonstwie geartete Verletzung der Knollen vermieden werden.
- Verdorbene Kartoffeln müssen unverzüglich aussortiert werden, damit der gesamte Vorrat nicht angesteckt wird.

- Unterschiedliche Sorten sollten möglichst nach ihren Kocheigenschaften getrennt gelagert werden.
- Kartoffeln sollten möglichst nicht mit anderen Früchten, insbesondere nicht mit Äpfeln zusammen in einem Raum gelagert werden, denn die „Himmelsäpfel" fördern das verstärkte Austreiben der „Erdäpfel".

Mit diesen Lagerbedingungen sind die besten Voraussetzungen für eine Ausreifung der Lagerkartoffeln geschaffen worden, sodass sie über den Winter hin ihren vollen Geschmack entwickeln können. So gelingt es, dass auch in der kalten Jahreszeit, leckere Sättigungsbeilagen und Gerichte aus Kartoffeln zur Verfügung stehen. Allerdings ist zu berücksichtigen, dass bei einer langen Lagerung der Vitamin-C-Gehalt der Kartoffeln langsam abnimmt.

Tipp: Legt man eine geschälte rohe Kartoffel in den Brotbehälter, bleibt das Brot länger frisch.

Für kleinere Kartoffelmengen, die für den baldigen Verbrauch bestimmt sind, sollte, wenn kein Vorratsraum mit den oben beschriebenen Lagerbedingungen vorhanden ist, nach folgenden Vorgaben verfahren werden:

- Im Kühlschrank aufbewahren. Allerdings muss hier auf eine gute Belüftung geachtet werden. Eine zu warme Lagerung beschleunigt den Abbau des in nicht unerheblicher Menge enthaltenen Vitamin C.

- Geschälte Kartoffeln im Wasserbad für längere Zeit im Kühlschrank aufzubewahren, führt ebenfalls zu erheblichen Verlusten an wasserlöslichem Vitamin C, Vitaminen der B-Gruppe und Mineralstoffen wie Kalium, Phosphor, Calcium und Eisen. Selbst wenn die geschälten Kartoffeln nur kurze Zeit im Wasser schwimmend aufbewahrt wurden, sollte das so angereicherte Aufbewahrungswasser in jedem Fall zum Garen der Knollen verwendet werden. Auf diese Weise können die verlorenen Nährstoffe zumindest zum Teil verwertet werden.

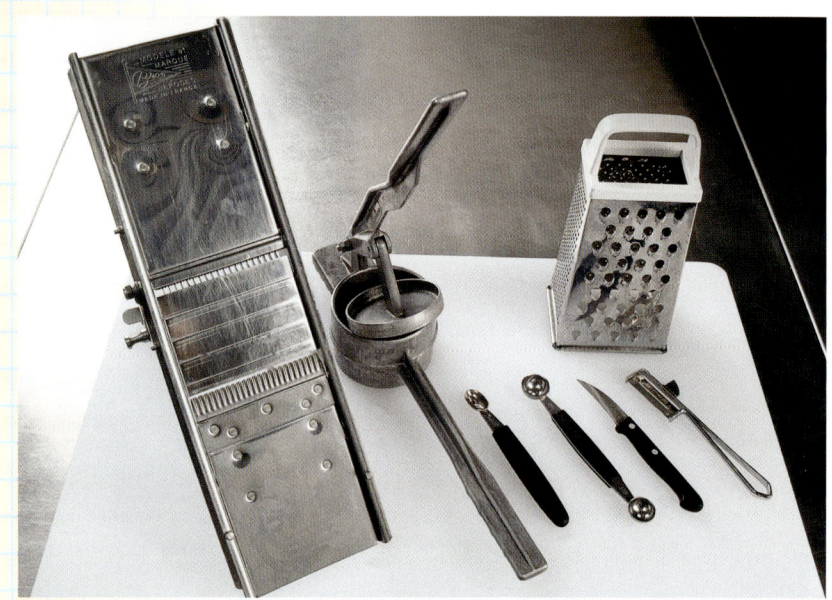

Die Verarbeitung von Kartoffeln

Wie kaum ein zweites Nahrungsmittel können Kartoffeln in äußerst vielfältiger Art und Weise zubereitet werden. Ob in Wasser gegart, im Fettbad frittiert, im Ofen gebacken oder in der Pfanne geröstet – all dies führt zu ganz unterschiedlichen Geschmacksrichtungen.

Auch in der Gestaltung erweist sich die Kartoffel als großer Verwandlungskünstler. Mal gestiftet, mal zu Nestern verwebt, geraspelt, püriert, zu Kroketten gerollt oder mit dem Sahnespritzbeutel dressiert – all dies verleiht der „tollen Knolle" ein vielfältiges Aussehen. Die Kartoffel fordert den Koch geradezu zu kreativen Kreationen heraus.

Kartoffelspeisen aus dem Kochtopf

Zu den Grundübungen der Küchenkunst zählt das Kartoffelkochen. Dass es auch hierbei einige Regeln zu beachten gilt, erfahren Sie hier:

Herstellung von Pellkartoffeln

Pellkartoffeln sind sehr aromatisch und weisen nach dem Garen einen wesentlich höheren Nährstoffgehalt als Salzkartoffeln auf. Um sie genießen zu können, sollten folgende Ratschläge beherzigt werden:

- Für die Zubereitung von Pellkartoffeln eignen sich am besten „frühe" oder „mittelfrühe Sorten" mit dem Kochtyp „fest kochend" oder „vorwiegend fest kochend". Diese Kartoffeln sind dünnschalig und behalten bei der Zubereitung weitgehend ihre Form – vorausgesetzt sie werden nicht zu lange gekocht.

- Vor der Zubereitung sollten die Knollen gut gewaschen und gesäubert werden, da die Schale nach dem Kochen mitverzehrt werden kann.

- Grundsätzlich sollten Kartoffeln in einer möglichst geringen Menge Salzwasser gekocht werden.

- Nur in gut schließenden Töpfen kann sich ein nährstoff- und aromaschonendes Garen mit sehr wenig Wasser im zirkulierenden Dampf entwickeln. Der Garflüssigkeit kann zur Geschmacksverbesserung etwas Kümmel zugesetzt werden.

- Wichtig ist, dass die garen Pellkartoffeln abgeschreckt werden, um den Kochprozess zu beenden. Zudem lassen sich dadurch die Knollen besser schälen.

- Pellkartoffeln, die zu Bratkartoffeln oder Kartoffelsalaten weiterverarbeitet werden, dürfen nicht zu weich gegart werden.

Tipp: Die Schale von Pellkartoffeln lässt sich durch das Abschrecken der Kartoffeln unter kaltem Wasser viel besser ablösen.

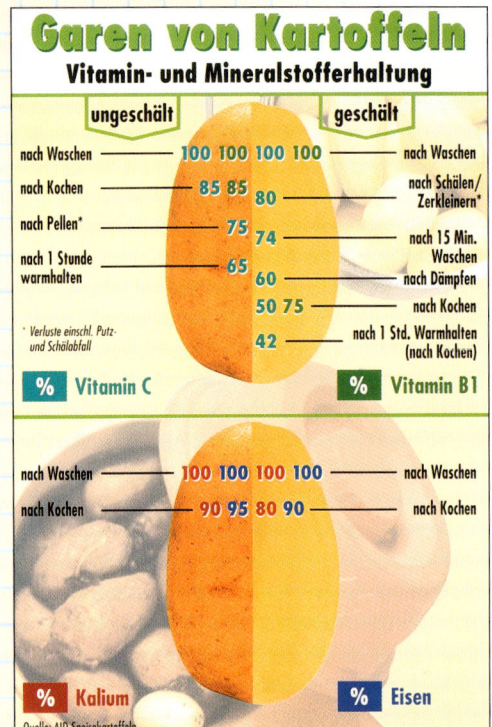

Garen von Kartoffeln
Vitamin- und Mineralstofferhaltung

	ungeschält			geschält	
nach Waschen	100 100	100 100		nach Waschen
nach Kochen	85 85	80		nach Schälen/ Zerkleinern*
nach Pellen*	75	74		nach 15 Min. Waschen
nach 1 Stunde warmhalten	65	60		nach Dämpfen
		50 75		nach Kochen
		42		nach 1 Std. Warmhalten (nach Kochen)

* Verluste einschl. Putz- und Schälabfall

% Vitamin C **% Vitamin B1**

nach Waschen	100 100 100 100		nach Waschen
nach Kochen	90 95 80 90		nach Kochen

% Kalium **% Eisen**

Quelle: AID·Speisekartoffeln

Typische Pellkartoffel-Spezialitäten, die von Feinschmeckern heiß begehrt werden, sind zum Beispiel:

Drillinge

Die in Zucker karamellisierten „Drillinge", die in Norddeutschland zu Grünkohl gereicht werden. Die sehr kleinen, an Saatkartoffeln erinnernden, Knollen werden als Pellkartoffeln zubereitet und anschließend mit Schale in heißem Butterschmalz gebraten. Kurz vor dem Servieren wird etwas Zucker über die Kartoffeln gegeben, um diese leicht zu karamellisieren.

Würzburger Hörnchen

„Würzburger Hörnchen" ist eine sehr alte Kartoffelsorte, die an unförmige, knorrige Finger erinnert. Sie wird als Pellkartoffel gegart und später mit oder ohne Schale in Butter gebraten. Leicht gesalzen entwickelt sie ein überwältigendes Aroma. Leider ist auch der Preis für diese seltene Spezialität oft überwältigend.

Herstellung von Kartoffelsalaten

Auch der vielseits beliebte Kartoffelsalat hat so seine Tücken. Um keine Enttäuschungen bei seiner Zubereitung zu erleben, sollten folgende Hinweise beachtet werden:

- Zur Herstellung von Kartoffelsalaten sollten nur hochwertige „fest kochende" und „vorwiegend fest kochende" Sorten verwendet werden.

- Zunächst werden die Qualitätskartoffeln als Pellkartoffeln zubereitet. Dabei dürfen die Kartoffeln auf keinen Fall zu weich gekocht werden.

- Die gepellten Kartoffeln müssen gut auskühlen, wodurch sich ihre Struktur wieder etwas verfestigt und sie sich besser in dünne Scheiben schneiden lassen.

- Da kalte Kartoffelscheiben alleine eher nüchtern schmecken, müssen sie vor der Weiterverarbeitung warm oder kalt mariniert werden, damit sie den würzigen Geschmack der Marinade annehmen.

Marinade eines klassischen Kartoffelsalats

Klassischer Kartoffelsalat wird mit Mayonnaise, Salatcreme oder – in der mageren Variante – mit Joghurtcreme vollendet. Wie auch immer, die Marinade besteht immer aus:

- Gemüsebrühe
- fein gewürfelten Zwiebeln
- einem Lorbeerblatt
- Salz
- Essig
- etwas Senf
- weißem Pfeffer
- Zucker

① Die Zutaten werden 10 Minuten gekocht und etwas abgekühlt über die Kartoffelscheiben gegossen.

② Wenn die Kartoffeln gut durchgezogen sind, gibt man sie auf ein Sieb und lässt sie gut abtropfen, damit später das Dressing nicht zu dünnflüssig wird.

③ Anschließend wird ein Dressing gerührt, das unbedingt mit folgenden Zutaten abgeschmeckt werden sollte:

- Salz
- weißer Pfeffer
- Salatmayonnaise
- Zucker
- etwas Senf

Tipp: Falls nötig kann alles mit etwas Marinade verdünnt werden

④ Das Dressing wird über die Kartoffeln gegeben und vorsichtig unter die Kartoffelscheiben gehoben. Dabei ist darauf zu achten, das die Scheiben nicht zu stark zerstoßen werden.

⑤ Der Salat kann je nach Geschmack mit Gewürz- oder Senfgurken, hart gekochten Eiern, Äpfeln oder gekochtem Gemüse garniert werden. Auch frische Kräuter sollten nicht fehlen.

Tipp: Frische Kräuter werden immer erst kurz vor dem Servieren hinzugefügt, denn durch die in der Marinade enthaltene Säure verfärben sich die frischen Kräuter in kurzer Zeit unansehnlich welk und braun, wodurch der gesamte Salat den Eindruck erweckt alt und unappetitlich zu sein.

Marinade eines warmen Speck-Kartoffelsalats

(Siehe Rezept auf Seite 100)

Warmer Speck-Kartoffelsalat erhält eine ganz besondere Marinade, für die folgende Zutaten benötigt werden:

· Zwiebel	· etwas Senf
· Brühe	· Essig
· 1 Lorbeerblatt	· weißer Pfeffer
· Salz	· Zucker

Ihr deftiger Geschmack entsteht so:

① In einem Topf werden zunächst sehr magere Speckwürfel ausgelassen.

② Fein gehackte Zwiebelwürfel, etwas Senf, Brühe, Essig, ein Lorbeerblatt, weißer Pfeffer, Salz und Zucker werden hinzu gegeben.

③ Alles wird kurz aufgekocht.

④ Diese warme Marinade wird über die Kartoffelscheiben gegeben.

⑤ Die fertig marinierten Kartoffeln lässt man gut abtropfen.

⑥ Anschließend gibt man einige Esslöffel Pflanzenöl in den Salat.

⑦ Alles mit den oben genannten Gewürzen abschmecken und mit frischem Schnittlauch, Blattpetersilie oder anderen Kräutern vollenden.

Kartoffelsalat-Variationen

Besonders interessante Varianten von Kartoffelsalaten ergeben sich, wenn – an Stelle von Mayonnaise oder Krems – aromatische Öle, wie Walnussöl, Kürbiskernöl, Traubenkernöl, Leinöl oder hochwertige Olivenöle mit Essigspezialitäten wie Aceto Balsamico kombiniert werden. Die so zubereiteten leichten, frischen Salate entsprechen eher dem Trend einer kreativen, vollwertigen und gesundheitsbewussten Ernährung. Sie bilden eine schmackhafte Alternative zu den mächtigen, fettreichen Mayonnaise- oder Speck-Kartoffelsalaten.

Herstellung von Kartoffelpüree

Angesichts des überwältigenden Angebotes an Halbfertigprodukten für Pürees könnte man glauben, die Herstellung eines Pürees sei besonders schwierig oder sehr aufwändig und zeitraubend. Dabei ist ein Kartoffelpüree mit dem richtigen Werkzeug, einer Kartoffelpresse, schnell zubereitet und die kleine Mühe zahlt sich vom kulinarischen und gesundheitlichen Standpunkt aus. Denn die Fertigprodukte sind in der Regel überwürzt, häufig wässerig und nicht selten muffig. Deshalb erschmecken auch ungeübte Tester bei einer Blindverkostung das selbst gemachte Püree leicht unter den Fertigprodukten heraus.

Damit das selbst gemachte Püree gelingt, sollte folgendes beachtet werden:

- Zur Herstellung von Püree werden „vorwiegend fest kochende" oder – besser noch – „mehlig kochende" Sorten verwendet.
- Die Kartoffeln werden geschält und als Salzkartoffeln zubereitet.
- Nach dem Abgießen müssen die Kartoffeln gut abgedämpft werden, um anhaftendes Wasser zu entfernen.
- Die heißen Kartoffeln werden durch eine Kartoffelpresse gegeben oder mit einem Kartoffelstampfer vorsichtig zerdrückt. Deshalb wird diese Kartoffelzubereitungsvariante auch als „Stampf-" bzw. „Quetschkartoffel" bezeichnet.

- Grundsätzlich ist eine starke mechanische Beanspruchung der Stärkekörner zu vermeiden. Deshalb sollten die Kartoffeln niemals mit dem Mixer oder Schneidstab zerkleinert werden, denn dadurch wird das Püree nur kleistrig und zäh.
- Auf die pürierten Kartoffeln gibt man etwas flüssige Butter und würzt mit Salz und wenig Muskat.
- Anschließend rührt man mit einem Kochlöffel oder Schneebesen vorsichtig soviel heiße Milch unter das Püree, bis die gewünschte Festigkeit erreicht ist.

Sahnepüree

Sie können ein schmackhaftes konventionelles Kartoffelpüree geschmacklich noch mehr aufwerten, wenn Sie statt der Milch kurz vor dem Servieren etwas geschlagene (ungesüßte) Sahne unter das Püree heben. Als „Schaumkartoffeln" („pommes mousseline") ist diese Püree-Variante auf den Speisekarten zu finden.

Herstellung von Kartoffelklößen

Die Herstellung von Kartoffelklößen ist nicht ganz einfach und mit einigem Aufwand verbunden. Insofern macht hier das große Angebot an Halbfertig- und Fertigprodukten Sinn, bei denen der Verbraucher die abgepackten Klöße oder ihre Mischungen nur noch kochen muss. Im Unterschied zum Kartoffelpüree gibt es unter diesem Angebot einige Produkte, deren fertige Klöße eine ausgezeichnete Beschaffenheit und auch einen recht ordentlichen Geschmack aufweisen. Dennoch reichen sie bei weitem nicht an selbst gemachte Knödel heran. Die eigene Herstellung von Kartoffelklößen lohnt sich. Schon beim Probieren selbst gemachter Klöße wird jeder schnell begreifen, dass ein frisches Produkt etwas Besonderes ist und eben nicht dem Einheitsgeschmack der Lebensmittelindustrie entspricht.

Trotzdem befürchten wir, dass in wenigen Jahren kaum noch jemand in der Lage sein wird, Kartoffelklöße selbst herzustellen. Damit würden dann jedoch viele Rezepturen verschwinden, die sich oft über Generationen in Familien und vor allem in Familienbetrieben der Gastronomie entwickelt und bewahrt haben. Dazu sollte es nicht kommen. Richtige hausgemachte Klöße werden wie folgt hergestellt.

© CMA

Kartoffelklöße aus gekochten Kartoffeln

① Man nehme einige „vorwiegend fest kochende" oder besser noch „mehlig kochende" Kartoffeln und lasse sie in Salzwasser sieden, bevor man sie pellt.

② Die heißen Kartoffeln werden durch eine Kartoffelpresse auf eine leicht mit Mehl bestäubte Arbeitsfläche gedrückt.

③ Wichtig ist, dass die Kartoffeln nun gut ausdampfen und abkühlen. Zu heiß verarbeitete und geknetete Kartoffelmassen werden nämlich zäh und kleistrig, sodass sie kaum mehr von den Händen zu entfernen sind.

④ Über die passierten Kartoffeln wird etwas Mehl gesiebt.

⑤ Auf etwa 1 kg Masse gibt man 2 Eier zu.

⑥ Die Kartoffelmasse wird mit Salz und Muskat abgeschmeckt.

⑦ Dann mit möglichst wenigen Handgriffen zu einem homogenen Teig verknetet. Zu viel Kneten verdichtet den Teig und die Klöße werden zu mächtig.

⑧ Anschließend die Hände mit wenig Mehl bestäuben und in der gewünschten Größe aus dem Teig Klöße formen.

⑨ In der Zwischenzeit einen großen Topf mit Salzwasser zum Kochen bringen.

⑩ Etwas Speisestärke mit Wasser anrühren und in das kochende Wasser geben, bis dieses eine leichte Bindung erhält.

⑪ Nun kann man auch die Kartoffelklöße in das kochende Wasser geben und knapp unter dem Siedepunkt je nach Größe 15 bis 20 Minuten garziehen lassen.

⑫ Die Klöße sind gar, wenn sie an die Oberfläche des Kochwassers steigen und sich beim Anstoßen mit dem Finger leicht drehen.

Tipp: Die Klöße garen schneller und sicherer, wenn beim Rundformen etwas geröstetes Weißbrot, eine eingeweichte Backpflaume oder ähnliches in das Zentrum gedrückt wird.

Kartoffelklöße aus rohen und gekochten Kartoffeln

Werden die Klöße aus einem Gemisch von rohen und gekochten Kartoffeln hergestellt, dann sind diese Klöße, obwohl sie ohne oder mit weniger Ei hergestellt werden, nach dem Garen etwas fester als Kartoffelklöße, die gänzlich aus gekochten Kartoffeln bestehen. Nachstehend also die Zubereitung dieser festeren Klöße:

① Ein Kilogramm stärkereiche, geschälte Kartoffeln in drei gleiche Massen teilen.

② 1/3 kg Kartoffeln wird als Salzkartoffeln zubereitet und puriert.

③ Die verbleibenden 2/3 kg Kartoffeln werden roh in eine Schale kaltes Wasser gerieben.

④ Die roh geriebenen Kartoffeln werden auf ein Geschirrtuch gegeben und möglichst gut über einem Auffangbehälter ausgepresst. Während das Wasser vorsichtig abgeschüttet wird, ist darauf zu achten, dass die abgesetzte Stärke zurückbleibt.

⑤ Die abgesetzte Stärke wird mit den ausgedrückten Kartoffeln und den sehr heißen gekochten und pürierten Kartoffeln vermengt.

⑥ Die Masse wird mit Salz und wenig Muskat abgeschmeckt, geformt und wie bei den Klößen aus gekochten Kartoffeln gegart.

Tipp: Durch zügiges Arbeiten wird verhindert, dass sich die in der Masse befindlichen rohen Kartoffeln an der Luft schwarz verfärben.

⑦ In zahlreichen Rezepten wird der Masse noch ein Eigelb und etwas Mehl oder Grieß zugegeben. Diese Zutaten helfen das Bindevermögen der Masse zu verbessern. Dies ist insbesondere dann nützlich, wenn in der Masse nicht genügend Kartoffelstärke vorhanden ist.

⑧ Beim Servieren kann man etwas in Butterschmalz geröstete Weißbrotkrumen, deftigen ausgelassenen Speck oder frisch gehackte Kräuter wie Blattpetersilie oder Kerbel über die Klöße geben.

Klöße harmonieren hervorragend mit typischen Schmorgerichten, die sich durch eine kräftige Soße auszeichnen. Klassischerweise gehören Klöße zum Rheinischen Sauerbraten, zum mit Backpflaumen gefüllten Kamm- oder Bauchbraten vom Schwein, zu geschmorten Wildgerichten und natürlich werden sie auch heute noch zum Gänse- oder Entenbraten gereicht.

SCHUPFNUDELN, SIEHE
REZEPT AUF SEITE 185.

© CMA

Kartoffelspeisen aus dem Ofen

Schon sehr früh begannen unsere Vorfahren damit, Kartoffeln am offenen Feuer zu grillen. Auch heute noch hat die Grill- oder Ofenkartoffel eine große Fangemeinde. Lassen Sie sich überraschen, welche Kartoffel-Köstlichkeiten sich alle fettarm im Ofen zubereiten lassen.

Ofenkartoffeln

Die Ofenkartoffel mit Kräutersauerrahm ist eine klassische Beilage zum Steak. Aus der amerikanischen Küche stammend, fand sie einstmals als „Idaho-Potatoe" den Weg in die internationalen Steakhäuser. Diese auch als „Grillkartoffel" oder „baked potato" bezeichneten Kartoffeln sind mittlerweile auch in fast allen übrigen Restaurants erhältlich. Dieser Erfolg liegt wohl weniger im kulinarischen Wert der angebotenen Kartoffeln begründet, als vielmehr in der relativ bequemen Zubereitung der Kartoffel und ihrem einfachen Servieren.

Die übergroßen Kartoffeln werden fälschlicherweise allzu oft in Salzwasser als Pellkartoffel gar gekocht oder gar bei Bestellung für den Gast in der Mikrowelle wiedererwärmt. Nett in einer Aluminiumfolie verpackt wird sie dem Gast serviert und erweckt den Eindruck, als käme sie frisch aus dem Ofen – ganz so wie es ihr Namen vermuten lässt. Diese Art der Zubereitung hat jedoch nicht mehr viel mit einer echten Ofenkartoffel zu tun. Das so servierte Produkt entspricht nicht dem kulinarischen Erlebnis der tatsächlichen Ofenköstlichkeit. Wer das typische Backaroma einer Kartoffel kennt, die aluminiumverpackt in der heißen Asche eines Lagerfeuers oder Grills gebacken wurde, weiß wovon wir schreiben. Wie aber kann man sich diesen urtümlichen Genuss zuführen, auch wenn nicht ein offenes Feuer zur Stelle ist? Das dies problemlos auch in der kleinsten Küche möglich ist, beweist dieses Rezept:

Ofenkartoffeln im Salzbett gebacken

Die Lagerfeuer-Bedingungen kann man im Ofen gut mit einem Salzbett simulieren. Für die Zubereitung eignen sich „vorwiegend fest kochende" oder „mehlig kochende" Sorten.

① Zunächst wird grobes Salz in einen Bräter gefüllt, der im Ofen auf 180 °C gut aufgeheizt wird.
② Die gut verpackten Ofenkartoffeln werden dann in das Salzbett gedrückt und je nach Größe 20 bis 45 Minuten gebacken.
③ Die Kartoffeln sind gar, wenn eine Rouladennadel ohne spürbaren Widerstand hineingestochen werden kann.
④ Schneiden Sie die verpackte Kartoffel über Kreuz ein, drücken Sie die dabei entstehende Öffnung auf und geben Sie etwas kalte Butter hinein.

Allein der sich verströmende Duft nach gebackener Kartoffel und Butter belohnt diesen kleinen Mehraufwand. Übrigens kann das Salz viele Male wiederverwendet werden.

Gratins

Diese Art der Kartoffelaufläufe hat in den letzten Jahren einen wahren Boom erlebt. Dass auch hier einige Dinge beachtet werden müssen, hat manch ein eifriger Koch schon selbst erfahren müssen.

1. Zunächst ist zu bedenken, dass „vorwiegend fest kochende" Kartoffeln für die Zubereitung erforderlich sind. Sie behalten auch nach dem Backen ihre Form und enthalten ausreichend Stärke, damit das Gratin Bindung zwischen den einzelnen Scheiben erhält.

2. Die geschälten Kartoffeln werden in dünne Scheiben geschnitten und sofort in die mit Butterschmalz gefettete Form geschichtet. Die Scheiben sind also vorher tunlichst nicht noch in Wasser zu legen, weil dadurch die ihnen anhaftende Stärke abgespült würde.

3. Zum Ausbuttern der Form sollte Butterschmalz oder Öl verwendet werden, weil sie molke- und wasserfrei sind und deshalb bei hohen Temperaturen nicht verbrennen.

Anna Kartoffeln

Die „Anna Kartoffeln" („pommes Anna") gelten als die klassische Kartoffelgratin-Zubereitung. Sie sind ganz leicht und schnell herzustellen:

① Dünne Kartoffelscheiben werden mit Salz und wenig Muskat gewürzt.
② Dann ziegelartig in eine mit Butterschmalz gefettete Auflaufform eingeschichtet.
③ Anschließend mit Butterschmalz abgepinselt.
④ Schließlich im Ofen bei 180 °C je nach Schichthöhe 30 bis 45 Minuten gebacken.

Gratin dauphinoise

Sehr verbreitet ist die Gratin-Herstellung aus den Zutaten Kartoffeln, Sahne und Milch. Dabei wird so vorgegangen:

① In eine mit Butter und Knoblauch gefetteten Form werden dünne rohe Scheiben einer „vorwiegend fest kochenden" Kartoffelsorte geschichtet.
② Die Scheiben werden mit Salz, etwas Muskat, schwarzem Pfeffer und etwas Knoblauch gewürzt.
③ Die Auflaufform wird mit Sahne und Milch aufgefüllt, bis die Kartoffelscheiben gerade bedeckt sind.
④ Diese Füllung wird im Ofen bei 180 °C je nach Schichthöhe 30 bis 45 Minuten gebacken.
⑤ Kurz vor Ende der Backzeit wird alles mit ein wenig geriebenem Emmentaler Käse bestreuen, damit das Gratin Farbe und eine leckere Kruste bekommt.

Bäckerin-Kartoffeln

Anstelle von Milch und Sahne werden die Kartoffelscheiben bei dieser Gratin-Variante mit Brühe übergossen. Dies funktioniert so:

① Die „vorwiegend fest kochenden" Kartoffelscheiben werden zusammen mit Zwiebelstreifen in eine gefettete Form geschichtet.
② Alles wird mit Salz, Muskatnuss, schwarzem Pfeffer und etwas Knoblauch gewürzt.
③ Nun werden die gewürzten Scheiben mit Brühe aufgefüllt, bis die Kartoffeln gerade bedeckt sind.

④ Das Gratin wird im Ofen bei 180 °C je nach Schichthöhe 30 bis 45 Minuten gebacken.

⑤ Kurz bevor das Backen beendet ist, wird ein wenig geriebener Emmentaler Käse übergestreut, damit das Gratin eine Kruste bilden kann.

Als klassische Beilage zu Lammgerichten wird das Gratin mit dunkler Lammbrühe aufgefüllt. Der Name „Bäckerin-Kartoffeln" geht auf den alten französischen Brauch zurück, den Lammbraten zusammen mit Kartoffeln und Zwiebeln in einer großen Auflaufform zum Bäcker zu bringen, um über die Mittagszeit, in der in der Backstube nicht mehr gebacken wurde, die kostbare Resthitze des Ofens zu nutzen. Der Fleischsaft zog dabei in die Kartoffeln und ergab zusammen mit den Zwiebeln und dem Fleisch eine sehr schmackhafte Mahlzeit.

Kartoffelspeisen aus der Pfanne

Wer sich an sich nicht fürs Kochen interessiert, der wird jedoch mit höchster Wahrscheinlichkeit den Umgang mit der Pfanne am ehesten in Erwägung ziehen. Zu den beliebtesten Pfannengerichten zählen auch heute immer noch die Bratkartoffeln. Aber Achtung, gerade bei diesem als unverwüstlich eingeschätzten Gericht müssen einige Grundregeln bedacht werden, damit es uneingeschränkt gelingt und rundum mundet.

Bratkartoffeln

Kartoffeln zu klassischen „Bratkartoffeln" zu verarbeiten, gelingt am besten so:

- Verwenden Sie für die Zubereitung „fest kochende" oder „vorwiegend fest kochende" Sorten. Dabei bieten Letztere aufgrund ihres höheren Stärke- und niedrigeren Wassergehaltes den Vorteil, in der Pfanne besser zu bräunen. Oft sind sie auch im Aroma den „fest kochenden" Sorten überlegen. Leider zerfallen sie in der Pfanne sehr viel leichter.

- Die Kartoffeln sollten vor dem Braten als Pellkartoffeln möglichst nicht zu weich gekocht werden. So werden die Nährstoffe und auch das Kartoffelaroma am besten erhalten.
- Ideal für die Zubereitung knuspriger Bratkartoffeln ist eine gepflegte Stahlpfanne mit starkem, gut leitfähigem Boden, in der die Kartoffelscheiben nicht festbraten. Beschichtete Pfannen haben oft eine eingeschränkte Leitfähigkeit und erreichen nicht die erwünschten Brattemperaturen. In jedem Fall muss die Pfanne, bevor die Kartoffeln hineingegeben werden, sehr heiß sein. Verwenden Sie hoch erhitzbare Fette, wie z. B. Butterschmalz. Pflanzenöle und Butter sind zum Braten nicht geeignet, weil sie zu schnell verbrennen.
- Erst wenn die Kartoffeln die gewünschte Bräunung erreicht haben, sollten Sie weitere Zutaten wie Speck und Zwiebeln zugeben.

- Wenden Sie die Kartoffeln beim Braten nur vorsichtig und nicht zu oft, da sie sonst leicht zerfallen.
- Gewürzt werden die Bratkartoffeln erst kurz vor dem Servieren, da das Salz den Kartoffeln Wasser entzieht, wodurch die Bratkartoffeln wieder matschig werden würden.

© CMA

Rösti

Eine weitere Variante Kartoffeln in der Pfanne zu braten sind die
„Rösti". Für diese Zubereitung sollten stärkereiche, „vorwiegend fest
kochende" Sorten verwendet und wie folgt verarbeitet werden:

① Die Kartoffeln roh schälen und grob raspeln.
② Die Kartoffelraspeln mit Salz und Pfeffer würzen und zügig in das
   Fett einer heißen Pfanne geben, bevor sie an der Luft schwarz werden. Die Raspeln dürfen vor dem Braten nicht abgespült werden.
   Die Rösti würden sonst in der Pfanne keine Bindung erhalten.
③ Die Kartoffelraspeln werden in der Pfanne mit einem Löffel zu einem dünnen Kuchen geformt und etwas gedrückt.
④ Die Rösti auf jeder Seite so lange braten, dass sie nur einmal gewendet werden müssen.

Gebratene, geformte Kartoffeln

In der französischen Küche sind viele Formen gebratener Kartoffel-
varianten anzutreffen, die als klassische Beilagen zu gebratenem
Kalb- und Geflügelfleisch oder aber zu Fisch gereicht werden. Diese
Kartoffelbeilagen werden aus „fest kochenden" Kartoffeln zubereitet.

① Aus den rohen, geschälten Kartoffeln werden Formen ausgestochen
   oder mit einem Spezialmesser, dem sog. Tourniermesser, geschnitten.
② Diese geformten Kartoffeln werden in Salzwasser nicht zu weich
   gegart und anschließend in einer heißen Pfanne in Butterschmalz
   goldbraun gebraten.

© CMA

Varianten dieser Kartoffelzubereitung sind z. B. „Pariser Kartoffeln", „Schlosskartoffeln", „Olivenkartoffeln" oder „Würfelkartoffeln". Der Kreativität sind hier keine Grenzen gesetzt.

Kartoffelpuffer, Reibekuchen, Flinsen

Diese weit verbreitete Zubereitungsart der Kartoffel besitzt in fast allen Regionen des deutschsprachigen Raums eine eigene Bezeichnung. Auch die Beilagen sind regional sehr unterschiedlich. Ob süß mit Mus, Kompott, Kraut bzw. Sirup – vorzugsweise von Äpfeln – oder herzhaft mit Lachs und Kaviar, der Puffer kommt immer gut an. Für die Grundzubereitung werden folgende Zutaten benötigt:

- vorwiegend fest kochende Kartoffeln
- etwas Butterschmalz od. Pflanzenöl

· Mehl	· frische Eier
· Zwiebeln	· etwas Salz
· etwas weißer Pfeffer	· Prise Zucker

① Das Mehl sieben und mit den aufgeschlagenen Eiern aufrühren.
② Die Kartoffeln schälen und mit einer Reibe in die Eimasse raspeln. Dabei die Raspeln regelmäßig unter die Eimasse rühren, damit Sie an der Luft nicht braun werden.
③ Die Zwiebeln pellen und in Streifen schneiden.

© CMA

④ Die Zwiebelstreifen mit etwas kochendem Wasser überbrühen, um die Schärfe aus den Zwiebeln zu nehmen.

⑤ Die abgekühlten Zwiebeln unter die Kartoffel-Ei-Masse heben.

⑥ Die Masse mit Salz, Pfeffer und etwas Zucker würzen und 20 Min. ziehen lassen.

⑦ Butterschmalz in der Pfanne erhitzen und für jeden Puffer ca. 2 EL Teig ins Öl geben, flachdrücken und von beiden Seiten goldgelb backen lassen.

Tipp: Zum Pufferbacken keine Butter verwenden, da diese zu schnell verbrennt und einen bitteren Geschmack hinterlässt.

Kartoffelspeisen aus dem Fettbad

Eine weitere Zubereitungs-Variante von Kartoffeln ist das Ausbacken in heißem Fett. Hier wird einmal mehr die robuste Konsistenz der Knolle deutlich. Wenn das Fettbad den Kartoffeln bei falscher Zubereitung auch oft unnötig viel Fett zufügt, gehören insbesondere die „Pommes frites" zu den beliebtesten Gerichten – nicht zuletzt unserer lieben Kleinen. Nicht ohne Grund findet man an jeder Ecke unserer Städte, auf jedem Rummelplatz und auch immer häufiger auf dem Lande, so genannte „Frittenbuden", in denen diese Kartoffelspezialität zubereitet wird. Und auch manches Schnellrestaurant verdankt dieser Kartoffelvariante ihren Hauptumsatz.

© CMA

Pommes frites

Die berühmtesten Kartoffeln aus dem Fettbad, die „Pommes frites",
stammen heute in den meisten Privathaushalten und wohl auch in
den meisten Restaurants aus der Tiefkühltruhe. Geschmacklich
bleiben diese Produkte weit hinter frischen, selbst gemachten
Kartoffelstäbchen zurück. Zur Herstellung von frittierten Kartoffeln
sollten „vorwiegend fest kochende" Sorten verwendet werden, weil sie
ein besseres Bräunungsvermögen aufweisen.

① Die Kartoffeln werden geschält und in etwa 1 cm starke Stäbchen
geschnitten.

② Anschließend gart man die Stäbchen in kochendem Salzwasser
bissfest vor.

③ Gut abgetrocknet sollen sie dann bei 180 °C im Fettbad ausbacken.

Tipp: Es ist sehr wichtig, dass das Fettbad die vorgesehene Back-
temperatur tatsächlich erreicht hat, sonst nehmen die
Kartoffelstäbchen zu viel Fett auf. Sobald sich Bläschen an
einem in das Fett gehaltenen Holzlöffel binden, ist die richtige
Temperatur von ca. 180 °C erreicht.

④ Die fertig gebackenen Stäbchen werden auf einem Küchentuch entfettet, leicht mit Salz gewürzt und sofort serviert. Das Servieren
duldet keinen Aufschub, weil die Backkruste der Kartoffeln sehr
schnell die Feuchtigkeit aus der Luft bindet und pappig wird.

Durch die Wahl anderer Schnittformen lassen sich weitere leckere Kartoffelspezialitäten im Fettbad backen, wie z.B.:

Kartoffelchips

Dünne, rohe Kartoffelscheiben im Fettbad als „Chips" („pommes chips") ausgebacken, ergeben eine besonders leckere, krosse Sättigungsbeilage oder einen Snack, den man sehr gut zu einem würzigen Dip reichen kann.

Eine Alternative sind die so genannten Polsterkartoffeln oder Kissenkartoffeln („pommes soufflées"), bei denen Kartoffelscheiben in Fett goldgelb frittiert werden, bis sie sich aufblähen.

Streichholzkartoffeln

Werden die Kartoffeln in feine Streifen geschnitten und in Fett gebacken, spricht man von „Streichholzkartoffeln" oder „Kartoffelsticks" („pommes allumettes", „shoestring potatoes").

Strohkartoffeln

Ganz besonders feine Kartoffelstreifen, die im Fettbad gebacken werden, bezeichnet man als „Strohkartoffeln" oder „pommes paille". Grundsätzlich sollten Streichholz- und Strohkartoffeln vor dem Ausbacken abgespült und wieder getrocknet werden, um die außen anhaftende Stärke zu entfernen. Unterlässt man dies, läuft man Gefahr, dass die Kartoffelstreifen beim Ausbacken zusammen kleben. Ein Effekt, der bei den Kartoffelnestern gewünscht ist.

Kartoffelspeisen aus Massen

Die aufwändigsten und besonders edlen Kartoffelbeilagen werden aus Kartoffelmassen hergestellt. Die Grundmasse bildet dabei fast immer der in der Küchenfachsprache als „Duchesse" (franz.: Herzogin) bezeichnete Kartoffelteig. Welche Köstlichkeiten aus den heiß durch eine Kartoffelpresse getriebenen Salzkartoffeln, die auch als „Schneekartoffeln" oder „Kartoffelfäden" bezeichnet werden, entstehen können, finden Sie nachfolgend.

Herzoginkartoffeln

Sie werden auch „Duchesse Kartoffeln" bzw. „pommes duchesse" genannt, weil sie erstmals in London für die Herzogin von Kent kreiert wurden.

① Ein Kilogramm „mehlig kochende" Kartoffeln werden geschält.
② Dann in Salzwasser gekocht.
③ Nach dem Abgießen im Topf auf der heißen Herdplatte gut abdämpfen lassen.
④ Dann durch die Presse gegeben.
⑤ In die noch heißen gepressten Kartoffeln werden zügig 3 Eigelb gerührt.

⑥ Den Teig mit Salz und Muskat abschmecken.

⑦ Die Masse wird heiß in einen Sahnespritzbeutel mit Sterntülle (Garniertülle) gefüllt und in mundgerechte Rosetten auf ein mit Backpapier ausgelegtes Blech gespritzt.

⑧ Anschließend werden die Rosetten mit einer Mischung aus Eigelb und Sahne bepinselt und im Ofen bei starker Oberhitze überbacken, bis sie goldgelb sind.

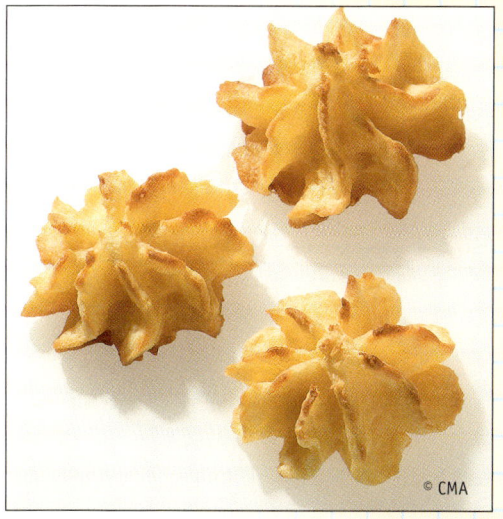

© CMA

„Herzoginkartoffeln" eignen sich hervorragend zu dezent gebratenen hellen Fleischsorten wie Kalb oder Geflügel sowie zu gebratenem Fisch.

Kroketten

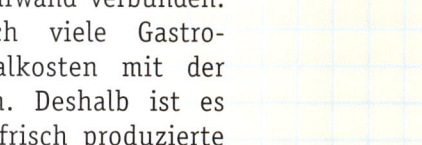

Aus der Grundmasse für die Herzoginkartoffeln werden auch die verschiedenen Varianten der Kroketten hergestellt. Die Zubereitung von Kroketten ist mit einigem zusätzlichen Aufwand verbunden. Diesen Aufwand scheuen inzwischen auch viele Gastronomiebetriebe, die aufgrund hoher Personalkosten mit der Rentabilität ihrer Arbeit zu kämpfen haben. Deshalb ist es inzwischen eine große Ausnahme, dass man frisch produzierte Kroketten serviert bekommt. Dadurch hat diese überaus schmackhafte Sättigungsbeilage ihren exquisiten Charakter eingebüßt. So werden Kroketten heute nicht selten zum gebratenen Schweineschnitzel serviert oder achtlos in Soßen gelegt, in denen sie bereits innerhalb einiger Sekunden aufweichen und matschig alles andere als schmackhaft sind.

© CMA

Um dem kulinarischen Wert von Kroketten aus eigener Produktion gerecht zu werden, sollte man sie zu erlesenen, festlichen Speisen servieren, die nicht zu dezent gebraten und gewürzt sein dürfen. Auf keinen Fall dürfen Kroketten lange warm gehalten oder abgedeckt werden, weil sie sonst weich und matschig werden.

Wer sich einmal den Genuss von klassischen Kroketten zufügen möchte, der gehe so vor:

① Für die Herstellung von Kroketten ist Verwendung möglichst wasserarmer und stärkereicher Kartoffelsorten des „mehlig kochenden" Typs entscheidend.

② Nach dem Garen und Abgießen der Kartoffeln müssen diese möglichst gut auf der heißen Herdplatte abdämpfen. Andernfalls bringt später der beim Frittieren in der Krokette entstehende Wasserdampf die Krokette zum Platzen.

Tipp: Eine größere Sicherheit bei der Zubereitung ergibt sich, wenn man die gepressten Kartoffeln mit ein wenig Kartoffelstärke abstäubt.

③ Die fertige Kartoffelmasse muss vor der Weiterverarbeitung handwarm auskühlen, damit sie sich in halbwegs stabile Formen bringen lässt.

④ Je nach gewünschter Krokettenform können mundgerechte Bällchen, Taler oder Rollen geformt und auf einem mit Mehl bestäubten Tablett im Kühlschrank abgekühlt werden. Durch das Abkühlen erhalten die Formen vor der Weiterverarbeitung Stabilität.

⑤ Die Kroketten werden dann in Mehl gewendet, durch etwas mit Wasser aufgeschlagenes Eiklar gezogen und in Semmelbrösel oder in geriebener Weißbrotkrume gewälzt.

⑥ Anschließend werden sie in einem heißen Fettbad bei etwa 180 °C gebacken bis sie goldbraun sind.

⑦ Abschließend kurz auf einem Papierküchentuch entfetten und zügig servieren, weil die Kroketten an der Luft wie alle im Fettbad gebackenen Kartoffelspeisen sehr schnell pappig werden.

Kroketten können problemlos variiert werden, wobei der Phantasie kaum Grenzen gesetzt sind. Sie können mit jeder beliebigen, jedoch möglichst wasserarmen Einlage, wie z. B. Kräuter, Speck, Käse oder Trüffel, gefüllt werden. Die Panade (Backhülle) kann durch Mandelsplitter (dann als „Berny Kartoffeln" oder „pommes Berny" bezeichnet), Cornflakes, Sesam oder gehackte Sonnenblumenkerne ergänzt oder ersetzt werden.

Kartoffelkrapfen

Eine Spezialform der Kroketten sind die Kartoffelkrapfen, die auch den Namen „Dauphinkartoffeln" tragen. Dauphin ist die franz. Bezeichnung für den Thronfolger, was die aufwändige Herstellung aus Brandteig und Kartoffeln rechtfertigt. Die Zubereitung wird im Rezept „Kartoffelkrapfen mit Käsefüllung, roter Zwiebelmarmelade und frischer Ananas" ausführlich beschrieben (siehe Rezepte auf den Seiten 82 und 167).

Ebenfalls aus einer Brandteig-Kartoffelmasse bestehen die halbmondförmig ausgebackenen Käse-Kartoffelmassen, die als „Lorettekartoffeln" („pommes Lorette") in die Kochgeschichte eingegangen sind.

Die wichtigsten Abkürzungen für Maßeinheiten

Die Abkürzungen beziehen sich sowohl auf Singular als auch auf den Plural des jeweiligen Begriffs.

EL	Esslöffel (ca. 40g)	l	Liter
g	Gramm	Min.	Minute
geh.	gehackt	ml	Milliliter
gek.	gekocht	Msp.	Messerspitze
gem.	gemahlen	P.	Paket / Päckchen
gesch.	geschnittene	Pr.	Prise
gestr.	gestrichen	Std.	Stunde
getr.	getrocknet	TL	Teelöffel (ca. 20g)
gr.	gross	TK	Tiefkühlkost
kg	Kilogramm	unbeh.	unbehandelt
kl.	klein		

Die in den Rezepten angegebenen Ofenzeiten beziehen sich auf Heißluftherde. Bei der Benutzung von Elektroherden verlängert sich die Garzeit geringfügig. Es handelt sich immer um Durchschnittswerte, die natürlich abhängig sind von den Schnittformen und den verwendeten Mengen. Bitte beobachten Sie die Kartoffelgerichte während der Zubereitung und korrigieren Sie ggf. entsprechend die Ofentemperatur oder die Gardauer.

Kartoffel-Kochtypen:

fest kochende Kartoffelsorten

vorwiegend fest kochende Kartoffelsorten

mehlig kochende Kartoffelsorten

Spruch über die Kartoffel:

„Pasteten hin, Pasteten her,
was kümmern uns Pasteten!
Die Schüssel hier ist auch nicht leer,
und schmeckt so gut als aus dem Meer
die Austern und Lampreten.

Und viel Pastet und Leckerbrot
verderben Blut und Magen.
Die Köche kochen lauter Not,
sie kochen uns viel eher tot;
ihr Herren, lasst Euch sagen:
Schön rötlich die Kartoffeln sind,
und weiß wie Alabaster;
sie däu'n sich lieblich und geschwind
und sind für Mann und Weib und Kind
ein echtes Magenpflaster."

Matthias Claudius
Quelle: „Wansbecker Bote"

{däu'n = verdauen}

Salate und Vorspeisen

Buttermilch-Kartoffelterrine

mit Matjes

Zutaten für 8 Personen:

a) Terrine:
500 g mehlig kochende Kartoffeln
50 g rote Zwiebeln
400 ml Buttermilch
100 ml saure Sahne
½ Bund Schnittlauch
2 Stück Strauchtomaten
½ Topf gehackte Kerbel
150 g milden Matjes
1 TL geriebener Meerrettich
8 Blatt Gelatine
etwas Salz
etwas Pfeffer

b) Kräutersauerrahm:
350 g Sauerrahm
50 ml Sahne
1 Zitrone
etwas Salz
etwas Zucker
etwas weißer Pfeffer
100 g Blattspinat (TK)
1 EL geh. Kerbel
1 EL geh. Blattpetersilie
1 EL geh. Estragon

c) Garnitur:
frische Kräuter
1 Matjesfilet

Zubereitung:

a) Terrine:

① Die Kartoffeln kochen, pellen, durch eine Presse drücken und auskühlen lassen.

② Die Gelatine in kaltem Wasser einweichen.

③ Die Zwiebeln fein würfeln und mit kochendem Wasser überbrühen.

④ Die Kartoffelmasse mit den Kräutern, Zwiebeln, der Buttermilch und der sauren Sahne vermengen.

⑤ Alles mit Meerrettich, Salz und Pfeffer abschmecken.

⑥ Die Tomaten vom Stielansatz befreien und die Haut leicht einritzen. So vorbereitet, die Tomate kurz in kochendem Wasser abwellen lassen, abziehen und entkernen. Anschließend das verbleibende Tomatenfleisch in Würfel schneiden.

⑦ Den Matjeshering sorgfältig entgräten und ebenfalls in Würfel schneiden.

⑧ Die Gelatine gut ausdrücken und in einem Topf erhitzen, bis sie gelöst ist.

⑨ Von der Terrinenmasse einige Löffel abnehmen und zügig mit der Gelatine vermischen.

⑩ Diese Mischung zügig mit dem Rest der Masse vermengen.

⑪ Die Matjeswürfel und das Tomatenfleisch als Einlage dazu geben.

⑫ Abschließend die Masse in Portionsförmchen oder eine Ziegelform füllen und erkalten lassen.

Tipp: Servieren Sie Terrinen nie direkt aus dem Kühlschrank, weil Sie, wenn sie zu kalt sind, kaum Aroma haben.

b) Kräutersauerrahm:
① Den Sauerrahm mit Zitronensaft und Sahne aufrühren.
② Alles mit Zitrone und Gewürzen gut abschmecken.
③ Den Spinat antauen lassen und mit dem Pürierstab sorgfältig pürieren.
④ Den pürierten Spinat zusammen mit den Kräutern unter den Sauerrahm mischen.

c) Anrichten und Garnieren:
① Die Terrine kurz in heißes Wasser tauchen, stürzen und ggf. anschneiden.
② Das Matjesfilet entgräten und in Streifen schneiden.
③ Die Terrine mit etwas grüner Kräutersauerrahm-Soße anrichten.
④ Mit frischen Kräutern und den Matjesstreifen garnieren.

Tipp: Die Einlage für diese Terrine können Sie fast beliebig variieren. Anstatt Matjes können Sie z.B. auch Räucheraal, Räucherlachs, Holsteiner Schinken oder ganz etwas anderes verwenden.

Carpaccio von Kartoffeln und Roter Bete

mit Basilikumkrem

Zubereitung:

a) Kartoffeln und Rote Bete:

1. Die Kartoffeln als Pellkartoffeln nicht zu weich kochen und pellen.
2. Die Rote Bete in Salzwasser kochen und anschließend die Haut abziehen.
3. Die Kartoffeln und Rote Bete auf einer Aufschnittmaschine oder mit einem scharfen Messer in dünne Scheiben schneiden.

b) Marinade:

1. Aus Essig, Senf und Öl eine Marinade herstellen.
2. Mit den Gewürzen abschmecken.

c) Basilikumkrem:

1. Den Frischkäse mit der Sahne und dem Zitronensaft zu einer glatten Krem aufrühren.
2. Schnittlauch in feine Röllchen schneiden.
3. Die Schalotten fein würfeln.
4. Das Basilikum hacken.
5. Schalotten und Kräuter unter die Krem rühren.
6. Mit Salz, Zucker und weißem Pfeffer würzen.

d) Anrichten und Garnieren:

1. Die Krem mit einem Spritzbeutel in die Mitte eines Tellers spritzen.
2. Die Kartoffeln und die Rote Bete rosettenartig um die Krem herum anrichten.
3. Kartoffeln und Rote Bete großzügig mit dem Dressing beträufeln.

Zutaten für 4 Personen:

a) Kartoffeln und Rote Bete:
200 g fest kochende Kartoffeln
200 g Rote Bete

b) Marinade:
5 EL Walnussöl
3 EL heller Balsamico-Essig
1 EL grober Senf
etwas Salz
etwas Zucker
etwas schwarzer Pfeffer

c) Basilikumkrem:
1 Bund Schnittlauch
1 Töpfchen Basilikum
250 g Frischkäse
50 ml Sahne
etwas Zitrone
50 g Schalotten
etwas Zucker
etwas Salz
etwas weißer Pfeffer

Tipp: Richten Sie die Rote Bete und die Kartoffeln erst kurz vor dem Servieren an, ansonsten würden die Kartoffeln den Saft der Roten Bete aufsaugen und schnell unappetitlich aussehen. Um die Farbe und einen frischen Glanz der Bete zu erhalten, können Sie die dünnen Scheiben bereits nach dem Aufschneiden mit etwas Marinade bepinseln.

Gebratene Taubenbrust
auf Kartoffel-Sellerie-Grapefruit-Salat

Zubereitung:

a) Kartoffel-Sellerie-Grapefruit-Salat:

① Die Kartoffeln als Pellkartoffeln bissfest kochen und pellen.

② Den Knollensellerie in streichholzgroße Stifte schneiden und wenige Min. in Salzwasser kochen.

③ Die gepellten Kartoffeln ebenfalls in die gleiche Schnittform bringen.

④ Die Grapefruits mit einem scharfen Messer bis auf das Fruchtfleisch schälen. Die weiße Haut muss vollständig entfernt werden.

Tipp: Mit einem scharfen Messer die Häutchen einschneiden, die die einzelnen Teile des Fruchtfleisches umschließen und so Filet für Filet entfernen. Dabei sollten die Teile vollständig von der bitteren weißen Haut befreit werden.

b) Marinade:

① Den Orangensaft mit Zitronenessig, dem Honig und den Gewürzen abschmecken.

② Die Kartoffel- und Selleriestifte und die Grapefruit-Filets für einige Minuten darin marinieren.

c) Dressing:

① Den Schmand mit Mayonnaise, Zitronensaft, dem Likör und etwas Marinade aufrühren bis das Dressing die richtige cremige Konsistenz hat.

② Das Dressing mit den Gewürzen abschmecken.

③ Die Gemüsestifte und die Grapefruit-Filets auf einem Sieb gut abtropfen lassen und mit dem Dressing vermischen.

Zutaten für 4 Personen:

a) Kartoffel-Sellerie-Grapefruit-Salat:
400 g fest kochende Kartoffeln
120 g junger Knollensellerie mit Grün
2 rotfleischige Grapefruits

b) Marinade:
¼ l Orangensaft
2 EL Zitronenessig
1 EL flüssiger Honig
etwas Salz
etwas Zucker
etwas weißer Pfeffer

c) Dressing:
200 g Schmand (Sauerrahm)
1 EL Mayonnaise
etwas Zitronensaft
1 EL Orangenlikör (z. B. Grand Marnier)
etwas Salz
etwas Zucker
etwas weißer Pfeffer

d) Taubenbrust:
4 Taubenbrüste mit Haut und ohne Knochen
etwas Butterschmalz
etwas Salz
etwas Pfeffer

e) Garnitur:
4 Blatt roter Radicchiosalat
etwas Zitronenmelisse

d) Taubenbrust:

① Die Taubenbrüste auf der Hautseite in Butterschmalz scharf anbraten.

② Die Taubenbrüste wenden und mit etwas Salz und Pfeffer würzen.

③ Mit der Pfanne in den auf 180 °C vorgeheizten Ofen stellen und mit einigen Löffeln von der Salatmarinade übergießen.

④ Je nach Größe der Brüste 5 bis 10 Min. im Ofen gar ziehen lassen und dabei häufiger mit dem Bratenfond übergießen.

⑤ Die Brüste an einem warmen Platz kurz ruhen lassen und in Scheiben schneiden.

e) Anrichten und Garnieren:

① Zusammen mit dem Salat, einem Blatt Radicchio, anrichten.

② Mit Zitronenmelisse garnieren.

Tipp: Schneiden Sie die Taubenbrüste nicht zu früh an. Kurz nach dem Braten würde der Dampfdruck im Fleisch den Fleischsaft aus den Brüsten herauspressen und das Fleisch würde trocken.

Gebackener Mozzarella

mit Flaschentomaten und Kartoffelsalat mit Kürbiskernöl

Zubereitung:

a) Kartoffeln:

① Die Kartoffeln als Pellkartoffeln kochen.

② Nach dem Pellen in gleichmäßige Würfel schneiden.

b) Marinade:

① Die Schalotten fein würfeln.

② Aus den Schalottenwürfeln, dem Senf, Essig, Öl und den Gewürzen eine Marinade rühren.

③ Anschließend die Kartoffelwürfel darin einige Stunden marinieren.

c) Mozzarella:

① Den Mozzarella in Scheiben schneiden und mit etwas Mehl abstäuben

② Das Ei mit etwas Wasser aufschlagen.

③ Das geriebene Weißbrot mit dem gehackten Knoblauch und dem Basilikum vermengen sowie leicht salzen.

④ Jetzt die Mozzarellascheiben durch das Ei ziehen und mit der Brotmischung panieren.

⑤ Die panierten Käsescheiben kurz in heißem Olivenöl Farbe nehmen lassen.

d) Tomaten:

① Den Stilansatz der Tomaten herausschneiden und die Haut einritzen.

② Die Tomaten kurz in kochendem Wasser abwellen lassen und anschließend enthäuten.

e) Anrichten und Garnieren:

① Den Pflücksalat mundgerecht verzupfen und die marinierten Kartoffelwürfel darauf anrichten.

② Das Arrangement oberhalb rosettenartig mit den Tomaten umgeben.

③ Im unteren Teil des Tellers den warmen, gebratenen Mozzarella anrichten.

④ Die Tomaten kurz vor dem Servieren mit den Gewürzen bestreuen.

Zutaten für 4 Personen:

a) Kartoffeln:
800 g fest kochende Kartoffeln

b) Marinade:
100 g Schalotten
100 ml Kürbiskernöl
40 ml Balsamico-Essig
1 EL grober Senf
etwas Salz
etwas Zucker
etwas schwarzer Pfeffer

c) Mozzarella:
300 g Mozzarella
etwas Mehl
1 frisches Ei
1 Zehe Knoblauch
1 EL gehacktes Basilikum
etwas Salz
150 g Paniermehl (oder geriebenes Weißbrot)
50 ml Olivenöl

d) Tomaten:
600 g Flaschentomaten
etwas Salz
etwas Zucker
etwas schwarzer Pfeffer

e) Garnitur:
einige Blätter Pflücksalat

Tipp: Beim Anrichten sollten die Käsescheiben noch warm sein, weil sich der Käse sonst wieder verfestigt.

Tipp: Panieren Sie die Mozzarellascheiben sehr sorgfältig, wenn nötig sogar doppelt, da der Käse beim Braten sonst in der Pfanne zerlaufen und festbraten würde.

Kartoffel-Apfel-Salat

mit Honig-Essig-Dip
und gerösteten Sonnenblumenkernen

Zubereitung:

a) Kartoffeln:

① Die Kartoffeln als Pellkartoffeln bissfest kochen, abpellen und in Stifte (1/2 cm x 3 cm) schneiden.

b) Marinade:

① Die Schalotten in Pflanzenöl anschwitzen.

② Den Senf zugeben und mit Apfelessig und Apfelsaft ablöschen.

③ Die Marinade mit Salz, Zucker und weißem Pfeffer würzen und die Kartoffelstifte damit marinieren.

④ Den Saft einer Zitrone auspressen.

⑤ Die Äpfel schälen, wie die Kartoffeln in Stifte schneiden und mit dem Zitronensaft marinieren.

⑥ Die Äpfel abtropfen lassen und zu den Kartoffeln geben.

c) Dip:

① Den Sauerrahm mit dem Apfelessig, dem Apfelsaft und dem Honig aufrühren.

② Den Dip mit Salz, Zucker und weißem Pfeffer abschmecken.

d) geröstete Sonnenblumenkerne

① Die Sonnenblumenkerne in einer Pfanne ohne Fett rösten.

② Den Honig dazu geben, um die Kerne etwas karamellisieren zu lassen.

Zutaten für 4 Personen:

a) Kartoffeln:
600 g fest kochende Kartoffeln

b) Marinade:
30 g Schalotten
30 ml Pflanzenöl
1 TL süßen Senf
100 ml Apfelessig
150 ml Apfelsaft
etwas Salz
etwas Zucker
etwas weißer Pfeffer
Saft 1 Zitrone
1 Apfel (sauer z. B. Boskop)

c) Dip:
200 g Sauerrahm
2 EL Apfelessig
2 EL Apfelsaft
2 EL flüssiger Honig
etwas Salz
etwas Zucker
etwas weißer Pfeffer

*d) geröstete Sonnen-
blumenkerne*
100 g Sonnenblumenkerne
1 EL Honig

e) Garnitur:
2 Kopfsalatherzen
einige Blätter Zitronenmelisse
einige Apfelspalten mit Schale

e) Anrichten und Garnieren:

① Die Kopfsalatherzen putzen, waschen, mundgerecht zupfen und wie ein Nest auf dem Teller anrichten.

② Den abgetropften Apfelsalat einfüllen und mit dem Honig-Essig-Dip überziehen.

③ Mit etwas Zitronenmelisse, den gerösteten Kernen und Apfelspalten mit Schale garnieren.

Tipp: Dieser fruchtige Salat harmoniert hervorragend mit Geflügelfleisch. Wir empfehlen dazu z.B. Scheiben von geräucherter Putenbrust oder im Nussmantel gebratene Poulardenbrust.

Kartoffel-Garnelen-Soufflé

mit grünem Spargel

Zubereitung:

a) Kartoffeln-Garnelen-Soufflémasse:

① Die Garnelen in eine Schale geben und mit dem Cognac und der Zitrone marinieren.

② Die Kartoffeln schälen, kochen, gut abdämpfen und durch die Presse geben.

③ Die Butter zerlassen und das Mehl darin einige Minuten ohne Farbe nehmen zu lassen anschwitzen.

④ Zügig mit der Sahne und dem Zitronensaft auffüllen und mit dem Schneebesen gut durchschlagen, damit sich keine Klumpen bilden.

⑤ Die entstandene Soße einige Minuten auf kleiner Flamme unter Rühren kochen lassen.

⑥ Die Soße vom Herd ziehen und zügig mit dem Schneebesen 4 Eigelb unterrühren.

⑦ Jetzt die pürierten Kartoffeln in die Soße geben und die Soße abkühlen lassen.

⑧ Anschließend die Schalotten fein würfeln, in Butter anschwitzen und kurz auskühlen lassen.

⑨ Die Garnelen auf ein Sieb geben, abtropfen lassen und auf einem Brett klein hacken.

⑩ Die Garnelen zusammen mit den Schalottenwürfeln und dem gehackten Dill in die Soufflémasse geben.

⑪ Die verbliebenen Eiklare zu einem steifen Schaum schlagen.

⑫ Zunächst nur etwa $1/3$ des Eiklars unter die Soufflémasse heben.

⑬ Den restlichen Eischaum erst kurz vor dem Backen vorsichtig unter die Masse heben, damit sie Volumen erhält.

⑭ Die Soufflémasse in die nicht gefetteten Förmchen füllen und im vorgeheizten Ofen auf der untersten Ebene bei 200 °C 20 Min. backen.

b) Spargel:
① Den grünen Spargel nur an den Stielenden dünn schälen.
② Dann Wasser mit etwas Salz und Zucker abschmecken und den Spargel darin bissfest garen.
③ Den Spargel auf einem Küchentuch gut abtropfen lassen.

c) Anrichten und Garnieren:
① Den Spargel mit dem Soufflé, das aus der Form gegessen wird, anrichten.
② Das Brot entrinden und mit einem Messer fein hacken.
③ Die Weißbrotkrümel kurz in der Pfanne ohne Fett (!) rösten und über den Spargel streuen.
④ Dann mit etwas gesalzener, zerlassener Butter übergießen.
⑤ Die Teller mit Dillzweigen und einigen Garnelen garnieren.

Zutaten für 6 Personen:

a) Kartoffel-Garnelen-
  Soufflémasse:
250 g Nordseegarnelen
2 EL Weinbrand od. Cognac
$1/2$ Zitrone
250 g mehlig kochende
  Kartoffeln
20 g Butter
20 g Mehl
$1/8$ l Sahne
$1/8$ l Gemüsebrühe
1 EL Zitrone
4 frische Eier
30 g Schalotten
20 g Butter
etwas Salz
etwas Pfeffer
1 EL Dill

b) Spargel:
800 g grünen Spargel
etwas Salz
etwas Zucker

c) Garnitur:
2 Scheiben Toastbrot
100 g Butter
Dillzweige
50 g Garnelen

Tipp: Öffnen Sie während des Backvorgangs nicht die Ofentür, sonst fällt Ihnen das Soufflé zusammen, als wäre aus ihm die Luft herausgelassen worden. Ähnliches passiert Ihnen, wenn Sie versuchen das Soufflé auf einen Teller zu stürzen. Echte Soufflés sind besonders luftig und empfindlich; sie werden direkt aus der Form gegessen.

Kartoffelkrapfen

mit Käsefüllung, roter Zwiebelmarmelade und frischer Ananas

Zubereitung:

a) Zwiebelmarmelade:

① Die Zwiebeln pellen und fein würfeln.

② Das Öl im Topf erhitzen und die Zwiebelwürfel darin farblos anschwitzen.

③ Die Zwiebeln mit der Gemüsebrühe, dem Rotwein und dem Essig ablöschen und stark einkochen lassen.

④ Honig und Senf zugeben, würzen und leicht mit einem Rotwein-Speisestärke-Gemisch binden.

Tipp: Achten Sie darauf, dass der Brandteig vor dem Unterarbeiten der Eier etwas abgekühlt ist, damit die Eier nicht gerinnen.

b) Käse-Krapfen-Brandteig:

① Butter, Milch, Salz und Muskat aufkochen.

② Das Mehl auf einmal in die Flüssigkeit sieben und glatt rühren, bis sich ein weißer Belag auf dem Topfboden bildet.

③ Den Teig etwas abkühlen lassen und nach und nach die Eier unterarbeiten.

④ Die Kartoffeln schälen, kochen, gut abdämpfen lassen und durch eine Kartoffelpresse drücken.

⑤ Jetzt die Kartoffelmasse mit dem Teig vermengen.

⑥ Eine kleine möglichst runde Soßenkelle mit etwas Öl auspinseln.

⑦ Den Kartoffelteig in die Kelle geben und in die Mitte mit einem kleinen Löffel eine Vertiefung drücken.

⑧ In die Vertiefung etwas gehobelten Emmentaler geben.

⑨ Den Krapfen mit angefeuchteten Händen über dem Käse zusammendrücken, dabei gut verschließen und leicht ziehen, damit eine Birnenform entsteht.

⑩ Die Krapfen auf ein gefettetes Backpapier setzen, um sie nacheinander im Fettbad goldgelb backen zu können.

⑪ Anschließend die Krapfen zum Entfetten kurz auf Küchenpapier setzen.

c) Anrichten und Garnieren:

① Die Ananas schälen, in Scheiben schneiden und mit einem Apfelausstecher das oft holzige Zentrum ausstechen, sodass ein Ring entsteht.

② Die Ananasringe kurz im Saft erwärmen.

③ Zusammen mit der Zwiebelmarmelade und den Krapfen anrichten.

Zutaten für 4 Personen:

a) Zwiebelmarmelade:
400 g rote Zwiebeln
30 g Öl
1/8 l Gemüsebrühe
1/4 l Rotwein
50 ml Rotweinessig
1 EL Honig
1 TL Senf
etwas Pfeffer a. d. Mühle
etwas Salz
etwas Zucker
etwas Pfeffer
etwas Speisestärke

b) Käse-Krapfen-Brandteig:
150 g Milch
70 g Butter
120 g Mehl
3 frische Eier
300 g mehlig kochende
   Kartoffeln
etwas Salz
etwas Muskat
200 g geriebenen Käse
   (z.B. Emmentaler)

c) Garnitur:
1/2 frische Ananas
1/4 l Ananassaft

Tipp: Beim Füllen der Krapfen müssen Sie einiges Fingerspitzengefühl beweisen. Wenn der Kartoffelteig an einer Stelle zu dünn gerät oder nicht richtig verschlossen wird, platzen die Krapfen in der Friteuse und der Käse läuft aus.

Kartoffel-Räucherlachs-Pudding
mit Spinatsalat

Zubereitung:

a) Kartoffel-Räucherlachs-Pudding:
Zunächst werden die Kartoffeln wie folgt vorbereitet:

1. Die Kartoffeln werden geschält und in sehr dünne Scheiben geschnitten.
2. Die Schalotten würfeln und in Pflanzenöl farblos anschwitzen.
3. Den Senf dazu geben und mit dem Weißwein, dem Essig und der Gemüsebrühe ablöschen.
4. Die Kartoffeln zugeben und alles mit Salz, Zucker, Pfeffer und Muskat kräftig abschmecken.
5. Bei geschlossenem Deckel 5 Minuten garen lassen.

Achtung: Die Kartoffelscheiben dürfen nicht zu weich werden.

6. Die Scheiben im Sud auskühlen lassen.

b) Nun wird der Pudding hergestellt:

1. Vier Sturzformen (z. B. Souffléformen, Timbale) ausbuttern.
2. Den Räucherlachs, den Spinat und die gut abgetropften, vorgegarten Kartoffelscheiben schichtweise in die Form geben.
3. Das Eigelb mit der Sahne aufrühren und ganz mild mit Salz und Muskat würzen.
4. Die Eimasse in die Formen füllen und dabei einen 1/2 cm Rand lassen.

Tipp: Die Menge der benötigten Ei-Sahne-Mischung, mit denen die Sturzformen aufgefüllt werden, hängt stark von der Größe der gewählten Formen ab. Sollten Sie zu wenig Flüssigkeit zum Aufgießen haben, können Sie Sahne und Eigelb im Verhältnis 1:1 mischen und die fehlende Menge ersetzen.

5. In einer tiefen Pfanne Wasser zum Kochen bringen und die Förmchen hineinstellen.
6. Auf die Formen ein Stück Aluminiumpapier legen und die Formen bei geschlossenem Deckel 15 bis 20 Min. ziehen lassen. Dabei darf das Wasser nur am Kochpunkt ziehen und nicht sprudeln.

Zutaten für 4 Personen:

a) Kartoffel-Räucherlachs-Pudding:
350 g fest kochende Kartoffeln
50 g Schalotten
20 g Pflanzenöl
1 EL Senf
1/8 l trockener Weißwein
1 EL Weinessig
1/4 l Gemüsebrühe
20 g Butter
160 g Räucherlachs (in Scheiben)
einige frische Spinatblätter
3 frische Eigelb
100 g Sahne
etwas Salz
etwas Zucker
etwas Pfeffer
etwas Muskat

b) Spinatsalat:
160 g frische Spinatblätter
1 frisches Ei
1 Knoblauchzehe
etwas Salz
etwas Zucker
etwas Pfeffer

c) Garnitur:
einige Zweige Dill
1 kl. Glas Lachskaviar (Keta)

b) Spinatsalat:
① Die Spinatblätter gut waschen und von den kräftigen Blattstielen befreien.
② Zur Herstellung des Dressings den Rest der für den Pudding gegarten Kartoffelscheiben, zusammen mit einem $1/4$ l von der Kochflüssigkeit, einem gekochten Ei und dem Knoblauch mit einem Pürierstab pürieren.
③ Das Dressing mit den Gewürzen abschmecken.

c) Anrichten und Garnieren:
① Jeweils eine Sturzform mit dem warmen Pudding in die Mitte eines Tellers stürzen.

Tipp: Wenn Sie Schwierigkeiten haben die Formen zu stürzen, sollten Sie den Pudding kurz mit einem kleinen Messer anlösen, so kann sich das oft beim Stürzen am Boden der Form entstehende Vakuum lösen und der Pudding rutscht leicht auf den Teller.

② Die Spinatblätter mundgerecht verzupft darum herum arrangieren.
③ Den Spinat mit dem Dressing marinieren.
④ Einige Messerspitzen Lachskaviar dekorativ auf den Salat setzen und mit Dillzweigen garnieren.

Kartoffel-Wirsingmousse
mit Apfel-Senf-Soße

Zubereitung:

a) Mousse:
① Die Kartoffeln schälen und garen.
② Den Wirsing in feine Streifen schneiden und mit der Butter und den Schalottenwürfeln anschwitzen.
③ Etwa 0,1 l Sahne dazugeben und mit einem Schneidstab pürieren.
④ Die Blattgelatine etwa 10 Minuten in kaltem Wasser einweichen und anschließend gut ausdrücken.
⑤ Die ausgedrückte Gelatine in einem Topf erhitzen, bis sie flüssig ist.

⑥ Die aufgelöste Gelatine mit dem pürierten Kohl aufrühren.
⑦ Die Kartoffeln durch eine Presse geben und mit dem
   Kohlpüree vermengen.
⑧ Den Schinken besonders fein würfeln und unter die
   Masse geben.
⑨ Alles mit den Gewürzen abschmecken.
⑩ Den Portwein untermengen.
⑪ Die restlichen 0,3 l Sahne steif schlagen und unter die
   abgekühlte Kohl-Kartoffelmischung heben.
⑫ Alles in eine flache Form füllen und über Nacht
   durchkühlen lassen.

b) Apfel-Senf-Soße:
① Den Apfel schälen und fein reiben.
② Den geriebenen Apfel mit dem Senf, der Creme double
   und der sauren Sahne vermischen.
③ Die Soße mit den Gewürzen abschmecken.

c) Anrichten und Garnieren:
① Den Blattsalat mundgerecht verzupfen und dekorativ
   anrichten.
② Mit einem Löffel Nocken von der Mousse formen und
   auf dem Salat zusammen mit der Senf-Soße anrichten.
③ Mit den Senfkeimlingen und den Apfelspalten garnieren.

Tipp: Rechnen Sie
3 Nocken je Portion.

Tipp: Die Profimethode des Formens einer
Mousse mit zwei Löffeln verlangt ein bisschen
Übung. Verwenden Sie für das Formen der Nocken
zwei große Suppenlöffel, die Sie jeweils kurz vor
dem Formen in heißes Wasser tauchen. Stechen
Sie die Nocken möglichst senkrecht aus der Masse
und lassen Sie die Masse jeweils unter leichter
Drehung von einem Löffel in den anderen gleiten.
So erhält jede Portion eine gefällige Form.

Zutaten für 6 Personen:

a) Mousse:
250 g fest kochende Kartoffeln
150 g Wirsingkohl
0,4 l Sahne
100 g mageren Schinken
50 g Schalotten
40 g Butter
6 Blatt weiße Gelatine
4 cl weißer Portwein
etwas Salz
etwas Pfeffer
etwas Muskat

b) Apfel-Senf-Soße:
1 gr. Apfel (Boskop)
3 EL süßen, grobkörnigen Senf
50 g Creme double
   (od. Mascarpone)
125 g saure Sahne
etwas schwarzer Pfeffer aus
der Mühle
etwas Salz
etwas Zucker

c) Garnitur:
einige Blätter Blattsalat
50 g gekeimte Senfsaat
einige Apfelspalten

Marinierte Kartoffeln

mit Röstzwiebeln, Pumpernickel und Rauke
in Buttermilchrahm

Zutaten für 4 Personen:

a) Kartoffeln:

800 g fest kochende Kartoffeln

b) Marinade:

1/4 l kräftige Gemüsebrühe

50 g Zwiebeln

1 EL süßen Senf

100 ml Zitronenessig

1 Lorbeerblatt

etwas Salz

etwas Zucker

etwas Pfeffer a. d. Mühle

50 ml Walnussöl

c) Röstzwiebeln:

200 g Zwiebeln

etwas Mehl

30 g Butterschmalz

d) Buttermilchrahm:

200 ml Buttermilch

80 g Mascarpone
   (ital. Frischkäse)

3 EL Zitrone

etwas Salz

etwas Zucker

etwas weißer Pfeffer

e) Garnitur:

200 g Pumpernickel

200 g Rauke (Rucula)

etwas Kerbel

Zubereitung:

a) Kartoffeln:

① Die Kartoffeln als Pellkartoffeln nicht zu weich kochen.

② Abpellen und in Scheiben schneiden.

b) Marinade:

① Die Gemüsebrühe mit Zwiebeln, Senf, Essig, Lorbeerblatt 5 Min. kochen lassen.

② Die entstandene Marinade mit den Gewürzen kräftig,
süß-sauer abschmecken, etwas abkühlen lassen und
warm über die Kartoffeln geben.

③ Etwas Walnussöl in die marinierten Kartoffeln geben
und alles vorsichtig mischen.

④ Die marinierten Kartoffelscheiben einige Stunden
durch-ziehen lassen.

c) Röstzwiebeln:

① Die Zwiebeln schälen und in Streifen schneiden.

② Die Streifen leicht mit Mehl abstäuben und in Butterschmalz goldbraun braten.

③ Die Röstzwiebeln auf einem Küchenpapier gut entfetten.

d) Buttermilchrahm:

① Buttermilch mit Mascarpone aufrühren, bis sie cremig
ist.

② Diese Mischung mit etwas Zitrone würzen und mit
Salz, Zucker und dem Pfeffer süß-sauer abschmecken.

e) Anrichten und Garnieren:

① Rauke putzen, waschen, gut abtrocknen und auf einem Teller kreisförmig anrichten.

② Die Blätter mit den marinierten, gut abgetropften Kartoffelscheiben belegen.

③ Pumpernickel in feine Würfel schneiden und kurz trocken (ohne Fett) in einer Pfanne anrösten.

④ Die gerösteten Pumpernickelwürfel über die Kartoffelscheiben geben und alles mit den Röstzwiebeln garnieren.

⑤ Mit dem Buttermilchrahm überziehen.

⑥ Zum Schluss mit Kerbelzweigen garnieren.

Tipp: Auf heißem Wege hergestellte Marinaden bieten den Vorteil, dass die Zwiebeln in der Rezeptur durch den Garvorgang ihre Schärfe verlieren und gleichzeitig unsere Verdauung weniger belasten.

Marinierte Miesmuscheln

auf Rapunzel mit Kartoffeldressing

Zubereitung:

a) Marinierte Miesmuscheln

1. Die Zwiebeln schälen und in feine Würfel schneiden.
2. Den Knoblauch ebenfalls schälen, zerdrücken und fein hacken.
3. Die Gemüse putzen und nach Sorten sortiert in etwa 2 bis 3 cm lange, feine Streifen schneiden.
4. Die Zwiebelwürfel und den Knoblauch in Öl anschwitzen.
5. Zunächst die Gemüsestreifen zugeben und kurz mitschwitzen.
6. Dann den Ansatz mit dem Weißwein und der Brühe ablöschen.
7. Die gefrorenen Muscheln zugeben und mit geschlossenem Deckel etwa 10 Min. im Sud ziehen lassen. Dabei sollte der Sud nicht sprudelnd kochen.

Tipp: Miesmuscheln sollten, wie alle Meeresfrüchte, nur gar gezogen werden, ohne zu kochen. Ein starkes Kochen beeinträchtigt die empfindliche Eiweißstruktur mit der Folge, dass die Muscheln schrumpfen und trocken werden.

8. Den Deckel abnehmen, die Muscheln und das Gemüse mit den Gewürzen und Zitrone abschmecken.
9. Danach Muschel und Gemüse auf ein Sieb geben und die Flüssigkeit in ein Gefäß ablaufen lassen.

b) Kartoffeldressing

1. Die Kartoffeln schälen und in Salzwasser abkochen.
2. Die gewürfelten Zwiebeln zusammen mit dem Essig, dem Senf und der Kochflüssigkeit aufkochen.
3. Die gekochten Kartoffeln in die Flüssigkeit pressen und mit einem Schneebesen glatt rühren.
4. In das noch warme Dressing die Blattpetersilie geben.

Zutaten für 4 Personen:

a) Marinierte Miesmuscheln
20 g Zwiebeln
1 Knoblauchzehe
2 EL Öl
100 g Möhre
50 g Sellerie
50 g Lauch
$1/8$ l Weißwein
$1/8$ l Gemüsebrühe
250 g geschälte Miesmuscheln (gefroren)
etwas Salz
etwas Zucker
etwas schwarzer Pfeffer
einige Spritzer Zitrone

b) Kartoffeldressing
200 g mehlig kochende Kartoffeln
50 g Zwiebeln
2 EL Weißweinessig
1 EL süßer Senf
$1/4$ l der Kochflüssigkeit
2 EL Blattpetersilie

c) Garnitur:
250 g Rapunzel (Feldsalat)
1 Baguette
80 g Kräuterbutter

Tipp: Achten Sie darauf, dass der Feldsalat nach dem Putzen und Waschen wieder richtig trocken wird. Anhaftendes Wasser verdünnt das Dressing und damit den Geschmack des Salates.

c) Anrichten und Garnieren:

① Den Feldsalat putzen.

② Die Salatblätter portionsweise in einem tiefen Teller anrichten.

③ Kurz vor dem Servieren die noch warmen Miesmuscheln und das Gemüse darauf verteilen.

④ Den Salat mit dem warmen Kartoffeldressing marinieren.

⑤ Dazu warmes Kräuterbaguette reichen.

Matjessalat
mit Kartoffeln, Senfgurken und Kapern

Zubereitung:

a) Marinade:

① Die Zwiebeln in feine Würfel schneiden.

② Aus den Zwiebelwürfeln, Senf, Essig, Pflanzenöl, und den Gewürzen eine deftige Marinade herstellen.

b) Matjessalat:

① Die Kartoffeln gut waschen und als Pellkartoffeln nicht zu weich kochen.

② Die Kartoffeln pellen und in Würfel mit etwa 1 cm Kantenlänge schneiden.

③ Die noch warmen Kartoffelwürfel etwa 1 Stunde in der Marinade einlegen.

④ Den Stielansatz der Tomaten mit dem Messer herausschneiden und die Haut einritzen. Anschließend in kochendem Wasser kurz abwellen lassen und in kaltem Wasser abschrecken. Dann die Haut abziehen, die Früchte entkernen, sodass nur noch das Fruchtfleisch übrig bleibt.

⑤ Die Gurken, das Tomatenfleisch und den Matjes in gleichmäßige Würfel schneiden.

⑥ Alles mit den marinierten Kartoffelwürfeln vermengen.

⑦ Die Kapern und die Kräuter hacken und unter den Salat mischen.

⑧ Den Salat mit Salz und Zucker nachschmecken und kurz durchziehen lassen.

c) Anrichten und Garnieren:

① Den Salat mit einigen Blättern Friséesalat anrichten.

② Mit kräftigem Schwarzbrot und Butter servieren.

Tipp: Für diese Rezeptur sollten nur mild gesalzene Matjesheringe guter Qualität verwendet werden. Der im Frühjahr vor dem Ablaichen gefangene Hering ist besonders zart, mild und aromatisch. Ein Wässern oder Marinieren des Herings, wie man es in vielen Rezepten nachlesen kann, ist bei Verwendung dieser Qualität nicht notwendig. Bei der Verwendung von gewöhnlichen Salzheringen ist ein Wässern (mind. 6 Std. und mehrmaliges Wechseln des Wassers) und anschließendes Marinieren mit etwas Essig, Öl, Gewürzen und etwas Dill unbedingt erforderlich, weil der Hering ansonsten den Salat zu stark dominieren würde.

Zutaten für 4 Personen:

a) Matjessalat:
400 g fest kochende Kartoffeln
250 g Tomaten
250 g Senfgurken
6 milde, grätenfreie
  Matjesfilets
2 EL eingelegte Kapern
1 EL geh. Kerbel
1 EL geh. Estragon
etwas Salz
etwas Zucker

b) Marinade:
80 g Zwiebeln
2 EL süßen Senf
100 ml Weinessig
150 ml Pflanzenöl
etwas Salz
etwas Steakpfeffer
etwas Zucker

c) Garnitur:
einige Blätter Friseesalat
Schwarzbrot
Butter

Warme Kartoffel-Räucherforelle-Terrine

auf Gurkengemüse

Zubereitung:

a) Kartoffeleinlage:

① Die Kartoffeln werden geschält und in sehr dünne Scheiben geschnitten.

② Die Schalotten würfeln und in Pflanzenöl farblos anschwitzen.

③ Den Senf dazu geben und mit dem Weißwein und der Gemüsebrühe ablöschen.

④ Die Kartoffeln zugeben und alles mit den Gewürzen kräftig abschmecken.

⑤ Bei geschlossenem Deckel 5 Min. garen lassen.

⑥ Die Kartoffelscheiben dürfen nicht zu weich werden.

⑦ Die Scheiben im Sud auskühlen lassen.

b) Räucherforellen-Farce:

① Die Forellenfilets kurz in den Froster legen und gut durchkühlen lassen.

② Das Eiklar und die Sahne steif schlagen und ebenfalls kalt stellen.

③ Die Forellenfilets in der Küchenmaschine zerkleinern und durch ein Sieb streichen.

④ Nach und nach das Eiweiß und die Sahne unter die Forellenfarce heben.

⑤ Die Farce mit Zitronensaft, den Gewürzen und dem Weinbrand abschmecken und kalt stellen.

⑥ Bei den Tomaten den Stilansatz entfernen, die Haut einritzen und kurz in kochendes Wasser geben.

⑦ Anschließend die Tomaten kalt abspülen, die Haut entfernen und entkernen.

⑧ Das Tomatenfleisch wird in feine Würfel geschnitten.

⑨ Eine Kastenform mit zwei Gefrierbeuteln auskleiden.

⑩ In die Kastenform etwas Farce streichen, die Schicht mit einer Lage der vorgegarten Kartoffelscheiben und einem Teil des Tomatenfleisches belegen.

Zutaten für 6 Personen:

a) Kartoffeleinlage:
350 g fest kochende Kartoffeln
50 g Schalotten
20 g Pflanzenöl
1 EL Senf
$1/8$ l trockener Weißwein
1 EL Weinessig
$1/4$ l Gemüsebrühe
etwas Salz
etwas Zucker
etwas Pfeffer
etwas Muskat

b) Räucherforellen-Farce:
350 g Räucherforellenfilets
3 frische Eiklar
200 ml Sahne
etwas Zitronensaft
etwas Salz
etwas weißer Pfeffer
1 EL Weinbrand
1 Bund Dill
2 Tomaten

c) Gurkengemüse:
2 Salatgurken
2 Tomaten
30 g Schalotten
100 ml Zitronenessig
200 ml Pflanzenöl
1 EL Senf
etwas Salz
etwas Zucker
etwas schwarzer Pfeffer
einige Zweige Dill
etwas Friséesalat

⑪ Einige Zweige Dill darauf legen und den gesamten Arbeitsablauf wiederholen, bis die Zutaten in die Form eingeschichtet sind.

⑫ Die überstehenden Gefrierbeutel über der Terrine verschließen.

⑬ Den Ofen auf 150 °C vorheizen und ein Wasserbad mit kochendem Wasser bereiten, in das die Kastenform gestellt wird.

⑭ Die Terrine je nach Durchmesser 30 bis 45 Min. im Ofen gar ziehen lassen.

Tipp: Zu lange Garzeiten sind für die Terrine unbedingt zu vermeiden, weil sie sehr schnell austrocknet. Prüfen Sie mit einer Rouladennadel, ob die Terrine gar ist. Klebt beim Herausziehen nichts an ihr und hat die Terrine deutlich elastische Eigenschaften, dann ist sie fertig.

c) Gurkengemüse:

① Die Salatgurken schälen und mit einem Löffel entkernen.

② Die Tomaten vom Stilansatz befreien, die Haut einritzen, kurz in kochendes Wasser geben und anschließend kalt abschrecken. Dann lässt sich die Haut leicht entfernen und die Tomaten können entkernt werden.

③ Das Tomaten- und Gurkenfleisch in gleichmäßige Stücke schneiden.

④ Die Zwiebeln fein würfeln und zusammen mit Essig, Senf, Öl und den Gewürzen zu einem kräftigen Dressing aufrühren.

⑤ Das Dressing über die Tomaten und Gurken geben und kurz durchziehen lassen.

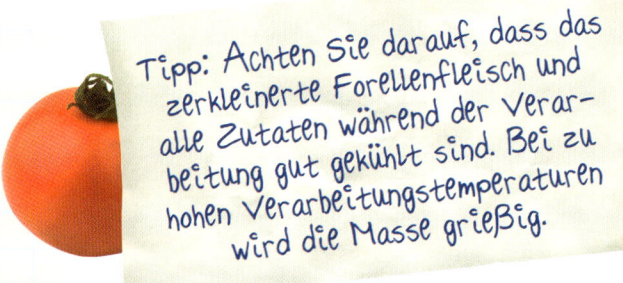

Tipp: Achten Sie darauf, dass das zerkleinerte Forellenfleisch und alle Zutaten während der Verarbeitung gut gekühlt sind. Bei zu hohen Verarbeitungstemperaturen wird die Masse grießig.

d) Anrichten und Garnieren:

① Den gut abgetropften Salat zusammen mit einer warmen Scheibe der gestürzten Terrine anrichten.

② Alles mit einigen Blättern Friseesalat und Dillzweigen garnieren.

> *Tipp: Sie können die Terrine farblich aufwerten, wenn Sie etwas geräucherten Lachs auf die mittlere Schicht der Forellenfarce legen.*

Vitello Tonnato
mit Kartoffeln

Zubereitung:

a) Kartoffeln:

① Die Kartoffeln als Pellkartoffeln kochen.

② Anschließend pellen und in dünne Scheiben schneiden.

b) Marinade:

① Aus dem Öl, dem Saft einer halben Zitrone, dem Essig und den Gewürzen eine Marinade rühren.

② Die Marinade mit einer Msp. geriebener Zitronenschale und dem Dill würzen.

③ Die Kartoffelscheiben in die Marinade geben und gut durchziehen lassen.

c) Dip:

① Die Creme double mit Mayonnaise, Sahne, Zitronensaft aufrühren.

Tipp: Creme double, die eine hervorragende Kremigkeit und ein gutes Bindevermögen aufweist, ist oft nicht im Sortiment eines Supermarktes zu finden. Verwenden Sie dann statt dessen Mascarpone, einen italienischen Frischkäse. Beide Kremtypen haben vergleichbare Eigenschaften: Sie sind neutral im Geschmack und besitzen einen sehr hohen Fettgehalt.

Zutaten für 4 Personen:

a) Kartoffeln:
600 g fest kochende Kartoffeln

b) Marinade:
100 ml Olivenöl
1/2 unbehandelte Zitrone
2 EL Weißweinessig
etwas Salz
etwas Zucker
etwas schwarzer Pfeffer
1 EL geh. Dill

c) Dip:
50 g Creme double
    od. Mascarpone
30 g Mayonnaise
150 ml Magermilchjoghurt
2 EL Zitronensaft
10 Stück Kapern
3 Sardellen
etwas Salz
etwas Zucker
etwas Pfeffer a. d. Mühle

d) Garnitur:
100 g rote Zwiebeln
200 g Thunfisch in Lake
120 g gr. Oliven mit Stein
4 Zweige Rosmarin

② Die Kapern und die Sardellen fein gehackt unter die Krem rühren.
③ Alles mit den Gewürzen abschmecken.

d) Anrichten und Garnieren:
① Zwiebeln pellen und in hauchdünne Ringe schneiden.
② Den Thunfisch mit einer Gabel zerdrücken.
③ Die marinierten Kartoffelscheiben rosettenartig anrichten.
④ Den Thunfisch und die Zwiebelringe auf den Kartoffelscheiben verteilen.
⑤ Die Krem darüber geben.
⑥ Die Teller mit den Oliven und den Rosmarinzweigen garnieren.

Warmer Endivien-Kartoffelsalat

mit gebratener Blutwurst und Schnittlauchschmand

Zubereitung:
a) Endivien-Kartoffelsalat:
① Die Kartoffeln als Pellkartoffeln nicht zu weich kochen, abpellen und in Scheiben schneiden.
② Den Salat vorsichtig waschen, die kräftigen Blattrippen entfernen und die verbleibenden Blätter in mundgerechte Stücke schneiden.

b) Dressing:
① Die Zwiebeln pellen und in feine Würfel schneiden.
② Die Gemüsebrühe in einem Topf erhitzen und die Zwiebeln kurz darin garen.

③ Den Senf dazu geben und mit Essig und Olivenöl ablöschen.

④ Die zerdrückte Knoblauchzehe und das grob geschnittene gekochte Ei dazu geben.

⑤ Alles mit einem Schneidstab pürieren.

⑥ Anschließend mit Salz und Zucker herzhaft abschmecken und warm stellen.

c) Schnittlauchschmand:

① Den Schmand mit Zitrone und der Sahne aufrühren.

② Anschließend mit Salz, Zucker und weißem Pfeffer abschmecken.

③ Den Schnittlauch in feine Röllchen schneiden und zum Schmand geben.

d) Blutwurst:

① Blutwurst pellen, in 2 cm dicke Scheiben schneiden und ganz leicht mit Mehl abstäuben.

② In heißem Butterschmalz kurz von beiden Seiten braten.

e) Anrichten und Garnieren:

① Die lauwarmen Kartoffelscheiben zusammen mit den Endivienblättern gefällig anrichten.

② Beides mit Pfeffer aus der Mühle würzen.

③ Mit dem warmen Dressing beträufeln.

④ Die gebratenen Blutwurstscheiben auf den Salat geben und mit etwas Schnittlauchschmand garnieren.

Zutaten für 4 Personen:

a) Endivien-Kartoffelsalat:
800 g vorwiegend fest
    kochende Kartoffeln
1 Kopf Winterendivie

b) Dressing:
80 g Zwiebeln
100 ml Gemüsebrühe
1 EL süßen Senf
50 ml Zitronenessig
50 ml Olivenöl
1 Zehe Knoblauch
1 gek. frisches Ei
etwas Salz
etwas Zucker

c) Schnittlauchschmand:
200 g Schmand
etwas Zitrone
50 ml Sahne
etwas Salz
etwas Zucker
etwas weißer Pfeffer
1 Bund Schnittlauch

d) Blutwurst:
400 g Blutwurst (am Stück)
etwas Mehl
30 g Butterschmalz
etwas schwarzer Pfeffer
    a. d. Mühle

Tipp: An Stelle der Blutwurst, die diesem Gericht einen sehr rustikalen Charakter gibt, kann man auch gebratenes und kräftig gewürztes Schweinefleisch z.B. vom Nacken oder vom Rücken verwenden.

Warmer Kartoffelsalat

mit Linsen, Speck, getrockneten Tomaten und Thunfisch

Zutaten für 4 Personen:

a) Salat:

150 g getr. gelbe oder rote
  Linsen

3/4 l Gemüsebrühe

100 g Möhren

50 g Sellerie

100 g Zwiebeln

6 g geräucherter,
  magerer Speck

b) Kartoffeln:

60 g fest kochende Kartoffeln

c) Marinade:

100 ml Rotweinessig

150 ml Olivenöl

1 Knoblauchzehe

Msp. unbehandelte
  Zitronenschale

etwas Salz

etwas Zucker

etwas Pfeffer

60 g getr. Tomaten

1 EL geh. Basilikum

1 EL geh. Oregano

250 g Thunfisch (2 kl. Dosen)

d) Garnitur:

einige Blätter Kopfsalat

4 kl. Rosmarinzweige

Zubereitung:

a) Salat:

① Linsen über Nacht einweichen.

② Die Gemüsebrühe zum Kochen bringen und die Linsen darin garen.

③ Möhren, Sellerie, Zwiebeln und den Speck in feine Würfel schneiden.

④ Die Gemüsewürfel und den Speck kurz zusammen mit den Linsen garen, sodass das Gemüse noch Biss hat.

⑤ Die Linsen und das Gemüse abgießen, in einem Sieb auffangen und kalt abspülen.

b) Kartoffeln:

① Die Kartoffeln als Pellkartoffeln nicht zu weich kochen.

② Dann abpellen und in Scheiben schneiden.

c) Marinade:

① Aus dem Essig, dem Olivenöl, dem zerdrückten Knoblauch, der geriebenen Zitronenschale und den Gewürzen eine kräftige Marinade herstellen.

② Die getrockneten Tomaten waschen, schneiden und in die Marinade geben.

③ Anschließend die Marinade über die Kartoffeln und die Linsen geben und mindestens 1 Std. ziehen lassen.

④ Erst kurz vor dem Anrichten die Kräuter in den Salat geben.

Tipp: Das Marinieren von Hülsenfrüchten verlangt ein bisschen Fingerspitzengefühl, weil sie mit einer ungewöhnlich kräftigen Marinade abgeschmeckt werden müssen, weil die stärkereichen Früchte ansonsten die Säure und die Würze neutralisieren würden.

d) Anrichten und Garnieren:
① Den Salat auf einigen Salatblättern anrichten.
② Mit Thunfisch und den Rosmarinzweigen garnieren.

Tipp: Schmeckt ihnen der Salat zu milde, dann würzen Sie ihn mutig mit etwas Essig und Salz nach.

Wildkräutersalat
mit marinierten Kartoffeln und gerösteten Weißbrotwürfeln

Zubereitung:
a) Kartoffeln:
① Die Kartoffeln als Pellkartoffeln bissfest kochen, abpellen und in besonders dünne Scheiben schneiden.

b) Marinade:
① Die Gemüsebrühe mit Zwiebeln, Senf, Essig, Lorbeerblatt 5 Min. kochen lassen.
② Die Marinade mit den Gewürzen kräftig, süß-sauer abschmecken, etwas abkühlen lassen und warm über die Kartoffeln geben.
③ Das Pflanzenöl über die marinierten Kartoffeln geben und alles vorsichtig mischen.
④ Die marinierten Kartoffelscheiben einige Stunden durchziehen lassen.

c) Salatdressing:
① Die Buttermilch mit dem Zitronensaft und dem Pflanzenöl aufrühren.
② Das halbe Ei, die Knoblauchzehe und die gekochte Kartoffel in der Flüssigkeit mit einem Schneidstab pürieren.
③ Mit Salz, Zucker und weißem Pfeffer abschmecken.

Zutaten für 4 Personen:
a) Kartoffeln:
500 g fest kochende
   Kartoffeln

b) Marinade:
1/4 l kräftige Gemüsebrühe
50 g Zwiebeln
1 EL süßen Senf
100 ml Zitronenessig
1 Lorbeerblatt
etwas Salz
etwas Zucker
etwas Pfeffer a. d. Mühle
50 ml Pflanzenöl
200 g Wildkräuter z.B.
   Löwenzahn, Brunnenkresse,
   Rauke, Brennnessel,
   Rapunzel (Feldsalat),
   Sauerampfer

c) Salatdressing:
0,2 l Buttermilch
2 EL Zitronensaft
1 EL Pflanzenöl
1 gek. frisches Ei
1 Zehe Knoblauch
1 mittelgr. gek. Kartoffel
etwas Salz
etwas Zucker
etwas weißer Pfeffer

d) Garnitur:
3 Scheiben Toastbrot
etwas Butterschmalz
Prise Salz
einige Gänseblümchen
einige Brunnenkresseblüten
1 EL geh. Liebstöckel

d) Anrichten und Garnieren:

① Die Wildkräuter waschen, putzen, in mundgerechte Stücke zupfen und als dekoratives Bouquet anrichten.

② Die abgetropften, marinierten Kartoffelscheiben darauf arrangieren, ohne den Salat flach zu drücken.

③ Toastbrotscheiben entrinden, in gleichmäßige Würfel schneiden und in heißem Butterschmalz goldbraun braten sowie etwas salzen.

④ Den Salat mit dem Salatdressing überziehen und mit den Blüten dekorieren.

⑤ Abschließend mit dem gehackten Liebstöckel sparsam bestreuen und servieren.

Tipp: Beim Sammeln der Wildkräuter sollte man darauf achten, dass sie auf möglichst unbelasteten Grünflächen gepflückt werden, um Belastungen durch Verkehrsabgase, Düngemittel oder gar Hundedreck zu vermeiden. Mit Bedacht gesammelte Wildkräuter sind dann eine leckere und wegen ihres Bitterstoff- und hohen Vitamingehaltes besonders gesunde Delikatesse, die hervorragend mit geräucherten Schinken- und Wurstspezialitäten harmoniert.

Suppen und Eintöpfe

Birnen, Kartoffeln und Speck

Zubereitung:

1. Die Kartoffeln, Möhren und Zwiebeln schälen und in Würfel schneiden. Dabei die Zwiebeln in besonders feine Würfel schneiden.
2. Dann die Butter im Topf erhitzen und die Gemüsewürfel darin anschwitzen.
3. Alles mit Salz, Zucker, Lorbeer und Nelken würzen.
4. In der Zwischenzeit die getrockneten Pflaumen in Apfelsaft einweichen und quellen lassen.
5. Die angeschwitzten Gemüsewürfel mit dem Essig ablöschen und mit der Gemüsebrühe auffüllen.
6. Den Speck entschwarten, von Knorpeln befreien und im Stück in den Eintopf geben.
7. Den Eintopf 30 Min. am Siedepunkt ziehen lassen.
8. Den Speck entnehmen und etwa 1/3 des Eintopfes durch ein Sieb streichen, damit er sämig wird.
9. Die Birnen vom Kerngehäuse befreien und mit oder ohne Schale in mundgerechte Stücke schneiden.
10. Die Birnenstücke und die eingeweichten Pflaumen in den Eintopf geben und wenige Min. mitgaren lassen.
11. Den Speck in Scheiben schneiden und in den Eintopf geben
12. Alles mit Salz, Zucker und schwarzem Pfeffer würzen und mit 0,3 l süßer Sahne vollenden.
13. Eintopf nur so lange erhitzen, dass die Birnen nicht zerkochen.

Zutaten für 6 Personen:

800 g vorwiegend fest kochende Kartoffeln
100 g Zwiebeln
150 g Möhren
25 g Butter
etwas Salz
etwas Zucker
1 Lorbeerblatt
2 Nelken
100 g entsteinte, getr. Pflaumen
200 ml Apfelsaft
1/2 Tasse Zitronenessig
2 l Gemüsebrühe (od. Wasser)
250 g durchwachsener Speck
800 g reife Birnen
etwas Salz
etwas Zucker
etwas schwarzer Pfeffer
0,3 l süße Sahne

Tipp: Dieser rustikale Eintopf sollte einen deftigen, fruchtigen Geschmack haben. Da gekochter, durchwachsener Speck nicht Jedermanns Geschmack ist, kann man den Speck, nachdem er gegart und in Scheiben geschnitten wurde, in einer Pfanne kross anbraten und den Eintopf damit garnieren. Dies vermindert den Fettgehalt und der Geschmack wird markanter. Grundsätzlich kann der durchwachsene Speck auch durch magereren Schinken ersetzt werden.

Tipp: Sollten die Birnen zu wenig Säure enthalten, kann man mit etwas Essig oder Apfelsaft nachschmecken.

Bouillonkartoffeln

mit gefüllten Fleischröllchen und Meerrettichkrem

Zutaten für 4 Personen:

a) Bouillonkartoffeln:

600 g fest kochende Kartoffeln

30 g Zwiebeln

100 g Möhren

50 g Sellerie

50 g Lauch

etwas Salz

etwas weißer Pfeffer

1 Lorbeerblatt

40 g Butter

1 l kräftige Rinderknochenbrühe

2 Möhren

b) Fleischröllchen:

400 g Steakfleisch vom Rind aus der Hüfte (gut abgehangen)

4 Blätter Wirsingkohl

2 Möhren

2 Scheiben rohen mageren Schinken

etwas Salz

etwas schwarzer Pfeffer

1 Bindfaden

c) Meerrettichkrem:

150 g Crème fraîche

2 EL geriebenen Meerrettich (Glas)

1 EL Zitronensaft

etwas Salz

etwas Zucker

1 Bund Schnittlauch

Zubereitung:

a) Bouillonkartoffeln:

① Die Kartoffeln, Möhren und Sellerie schälen.

② Das Gemüse in Würfel mit etwa 1 cm Kantenlänge schneiden.

③ Die Zwiebeln und den Lauch fein würfeln.

④ Butter im Topf erhitzen und Lauch und Zwiebeln darin farblos anschwitzen.

⑤ Die Gemüsewürfel dazu geben und ebenfalls kurz mitschwitzen.

⑥ Alles mit Salz, weißem Pfeffer und dem Lorbeerblatt würzen.

⑦ Den Ansatz mit der Brühe aufgießen und kochen, bis die Kartoffeln und die Gemüse gar sind.

⑧ In der Bouillon werden zwei ganze Möhren mitgegart, die für die Fleischröllchen gebraucht werden.

b) Fleischröllchen:

① In der Zwischenzeit die Steaks zwischen zwei Plastiktüten legen und mit dem Plattiereisen oder Schnitzelklopfer klopfen, bis sie etwa 1/2 cm dick sind.

② Die Wirsingblätter entstielen, kurz in wenig Salzwasser in einem geschlossenen Topf dünsten.

③ Anschließend die Blätter in kaltem Wasser spülen, damit die Farbe erhalten bleibt.

④ Schneiden Sie die in der Bouillon mitgegarten beiden Möhren in Stifte.

⑤ Das plattierte Fleisch wird mit Salz und Pfeffer gewürzt.

⑥ Dann werden der Schinken, die Wirsingblätter und schließlich die Möhrenstifte darauf verteilt.

Tipp: Beim Garen der Gemüse in der Bouillon sollten Sie regelmäßig den Schaum abschöpfen. Hier handelt es sich um geronnenes Eiweiß, das sonst in die Bouillon zurückkochen würde und diese trüben könnte.

⑦ Jetzt rollt man das Fleisch von einer Seite stramm auf und bindet die entstehende Rolle mit einem dafür geeigneten Faden zusammen.

Tipp: Verwenden Sie zum Binden des Fleisches bitte nur dafür geeignete Fäden oder Baumwollfäden. Ein Bindfaden aus Synthetik würde beim Braten schmelzen und gesundheitsschädliche Spuren hinterlassen.

⑧ Die fertigen Rollen werden in einer Pfanne kurz scharf angebraten, ohne das sie vollständig durchgaren.

⑨ Das Fleisch auf einem Küchentuch erkalten lassen, nachwürzen, kurz abtupfen und in mundgerechte Scheiben schneiden.

c) Meerrettichkrem:

① Die Crème fraîche mit dem Meerrettich und dem Zitronensaft zu einer Krem rühren.

② Die Krem mit den Gewürzen pikant abschmecken.

d) Anrichten und Garnieren:

① Die Bouillonkartoffeln jeweils in vorgewärmte Suppenteller oder Terrinen geben.

② Die geschnittenen Fleischröllchen dekorativ in die heiße Bouillon setzen und mit einem Esslöffel Meerrettichkrem garnieren.

③ Mit Schnittlauchröllchen bestreuen.

Bremer Pluckte Finken

Zutaten für 6 Personen:

250 g weiße, getr. Bohnen

400 g mehlig kochende
   Kartoffeln

150 g geräucherter Speck

100 g Zwiebeln

150 g Möhren

50 g Sellerie

30 g Butter

1 gehäuften EL Mehl

1,5 l Gemüsebrühe

3 EL Zitronenessig

etwas Salz

etwas schwarzer Pfeffer

etwas Zucker

200 g Apfel (z.B. Boskop,
   entkernt u. geschält)

1/8 l Apfelsaft

Zubereitung:

① Die Bohnen über Nacht in Wasser einweichen.

② Die Kartoffeln schälen und zusammen mit Speck, Zwiebeln, Möhren und Sellerie in feine Würfel schneiden.

③ Butter im Topf erhitzen.

④ Die Kartoffel- , Speck- und Gemüsewürfel darin farblos anschwitzen.

⑤ Den Ansatz mit dem Mehl abstäuben und gut durchrühren.

⑥ Mit dem Essig ablöschen und mit der Gemüsebrühe auffüllen.

⑦ Die Erbsen und 1/4 l vom Einweichwasser dazu geben.

⑧ Alles 45 Min. am Kochpunkt ziehen lassen.

⑨ Mit Salz, schwarzem Pfeffer und Zucker abschmecken.

⑩ Kurz vor dem Servieren den in feine Würfel geschnittenen Apfel und den Apfelsaft in den Topf geben.

Anrichten und Garnieren:

① Die fertige Suppe mit frischem Majoran und gerösteten Weißbrotwürfeln servieren.

Tipp: In Gänseschmalz geröstetes und leicht gesalzenes Gersterbrot rundet das Gericht ab. Leider ist dies eine nicht ganz kalorienarme Zugabe.

Gaisburger Marsch

Zubereitung:

a) Suppe:

① Das Rindfleisch im Stück 1 1/2 bis 2 Std. in der Brühe (oder im Sud) am Siedepunkt ziehen lassen.

② Das Fleisch, wenn möglich, in der Brühe auskühlen lassen, damit das Fleisch saftiger bleibt.

③ Die Brühe entfetten und das Fleisch in grobe Würfel schneiden.

④ Den Schinken, das Gemüse und die geschälten Kartoffeln ebenfalls in Würfel schneiden.

⑤ Die Butter in einem Topf auslassen und die Schinken-, Kartoffel- und Gemüsewürfel darin anschwitzen.

⑥ Mit der Brühe auffüllen und das Gemüse 15 Min. garen.

⑦ Die Fleischwürfel dazu geben und noch einmal aufkochen.

⑧ Die Zwiebeln schälen, in Streifen schneiden und leicht mit Mehl bestäuben.

⑨ Etwas Butterschmalz in der Pfanne erhitzen und die Zwiebeln darin goldbraun anschwitzen.

⑩ Die vorher bissfest gekochten und mit Wasser abgespülten Spätzle dazu geben und leicht Farbe nehmen lassen.

⑪ Alles mit etwas Salz und Muskat abschmecken.

⑫ Spätzle und Zwiebeln zusammen in den Eintopf geben und diesen pikant mit den Gewürzen abschmecken.

b) Anrichten und Garnieren:

① In Tassen, Teller oder in eine Suppenterrine abfüllen.

② Kurz vor dem Servieren mit gehackter Blattpetersilie und etwas frischem Liebstöckel bestreuen.

Zutaten für 6 Personen:

a) Suppe:

800 g durchwachsenes Rindfleisch (Brust, Querrippe)

2,5 l Rinderbrühe (od. Sud aus Wasser, einer Spickzwiebel mit einem Lorbeerblatt 2 Nelken und etwas Salz)

150 g magerer Schinken

150 g Möhre

150 g Sellerie

800 g fest kochende Kartoffeln

30 g Butter

150 g Zwiebel

etwas Mehl

25 g Butterschmalz

150 g gek. Spätzle

Pr. Muskat

etwas Salz

etwas schwarzer Pfeffer

etwas Zucker

b) Garnitur:

1 kl. Zweig Liebstöckel

1 Bund Blattpetersilie

Dieses deftige schwäbische Gericht, das Kartoffeln mit Spätzle kombiniert, ist vermutlich aus einem einfachen Grund entstanden. Wahrscheinlich hatte die Köchin in der Bäckerschmiede in Gaisburg sich mit diesem Rezept auf den enormen Appetit der „Einjährigen" aus der Stuttgarter Bergkaserne eingestellt, die regelmäßig nach Gaisburg marschierten, um diesen delikaten Eintopf zu genießen. Um diese hungrigen Soldaten zu sättigen, ergänzte sie das wahrscheinlich ursprünglich nur aus Kartoffeln, Gemüse und Fleisch bestehende Gericht durch gebratene Spätzle, die in der Küche ohnehin vorhanden waren. So entstand – zugegebenerweise – ein besonders sättigendes aber überaus schmackhaftes Eintopfgericht, dem die gerösteten Zwiebeln und Spätzle eine besondere Note verleihen. Das wir heute noch von diesem Gericht berichten, gibt der findigen Köchin recht.

Zutaten für 4 Personen:

a) Suppe:

200 g Kasselerrücken od.
   Rauchenden

300 g vorwiegend fest
   kochende Kartoffeln

100 g Möhren

50 g Petersilienwurzel

3 Stangen Zwiebellauch

1 rote Zwiebel

50 g Sellerie

20 g Distelöl

50 g Grünkernmehl

1 l Gemüsebrühe

etwas Salz

etwas Pfeffer

etwas Muskat

100 g Schmand

2 EL geh. Petersilie

Grünkern-Kartoffelsuppe mit Rauchfleisch

Zubereitung:

① Das Fleisch in mundgerechte Würfel schneiden.

② Die Kartoffeln und das Gemüse in Würfel schneiden.

③ Die Zwiebeln ebenfalls würfeln.

④ Das Fleisch, die Zwiebeln und das Gemüse in heißem Distelöl anschwitzen.

⑤ Das Grünkernmehl dazu geben und ebenfalls kurz mitschwitzen.

⑥ Mit der Gemüsebrühe ablöschen und ca. 20 bis 30 Minuten bei kleiner Hitze garen lassen.

⑦ Die Suppe mit den Gewürzen abschmecken.

⑧ Die Petersilie mit dem Schmand aufrühren und die Suppe damit verfeinern.

Kalte Kartoffelkrem
mit Kräutereis

Zubereitung:

a) Kräutereis:

① Das Ei mit der Milch im heißen Wasserbad aufschlagen, bis es zu binden beginnt!

② Die Ei-Milch-Masse kräftig mit Salz, Zucker und Pfeffer abschmecken und im kalten Wasserbad abkühlen lassen.

③ Während dessen die Sahne schlagen und anschließend vorsichtig mit Zitronensaft, saurer Sahne, den Kräutern und der Eikrem mischen. Die Masse sollte nicht zu viel und zu heftig gerührt werden, damit sie Volumen behält.

④ Den Ansatz in eine Form füllen, gut abdecken und mind. 4 Stunden tiefgefrieren.

b) Suppe:

① Die Kartoffeln als Pellkartoffeln zubereiten, abschrecken und pellen.

② Die Kartoffeln auskühlen lassen und in feine Würfel schneiden.

③ Die Lauchzwiebeln und die Zwiebeln würfeln.

④ Das Olivenöl erhitzen und beide Sorten Zwiebelwürfel darin farblos anschwitzen.

⑤ Alles mit etwas Salz, Zucker, Muskat und weißem Pfeffer würzen.

⑥ Die abgeriebene Zitronenschale und die Kartoffelwürfel dazu geben.

⑦ Den Ansatz nach kurzem Anschwitzen mit der Brühe auffüllen und 15 Min. sieden lassen.

⑧ Gegen Ende der Garzeit einige Blätter frischen Majoran und den Zitronensaft zusetzen.

⑨ Die Suppe mit einem Pürierstab zerkleinern und durch ein feines Sieb streichen.

⑩ Die Suppe kalt stellen.

⑪ Die Sahne schlagen und kurz vor dem Servieren mit dem Schneebesen unterschlagen.

c) Anrichten und Garnieren:

① Mit einem heißen Löffel Nocken vom Kräutereis abstechen und im letzten Moment dekorativ auf die Suppe geben.

② Die Suppe mit Blättern von Zitronenmelisse garnieren.

Tipp: Mit dieser erfrischenden Kartoffelsuppe, die der Vichyssoise, einer klassischen Suppe der französischen Küche angelehnt ist, können Sie an heißen Sommertagen Ihre Gäste überraschen. Die ungewöhnliche Kombination von Suppe und Eis und die Frische der Kräuter, die besonders durch die Zitronenmelisse geprägt wird, harmoniert hervorragend mit dem dezenten Kartoffelaroma. In der heißen Jahreszeit kann diese Suppenspezialität durchaus eine ganze Mahlzeit ersetzen.

Tipp: Denken Sie daran, dass alle Speisen die warm zubereitet werden, später aber kalt serviert werden sollen, kräftiger gewürzt werden müssen. Sie sollten die Suppe deshalb vor dem Servieren noch einmal mit Salz, Zucker und weißem Pfeffer abschmecken. Verwenden Sie für die Zubereitung keine Butter oder Margarine. Diese würden in der kalten Suppe später erstarren und wenig zur Gaumenfreude beitragen.

Zutaten für 4 Personen:

a) Kräutereis:
1 frisches Ei
50 ml Milch
150 ml süße Sahne
2 EL saure Sahne
1/2 EL Zitrone
1 EL geh. Petersilie
1 EL geh. Kerbel
1 EL geh. Estragon
etwas Salz
etwas Zucker
etwas weißer Pfeffer

b) Suppe:
250 g vorwiegend fest
   kochende Kartoffeln
40 g Zwiebeln
50 g Zwiebellauch
   (nur das Weiße)
2 EL Olivenöl
etwas Salz
etwas Zucker
etwas Muskat
etwas weißer Pfeffer
1 Msp. unbeh. Zitronenschale
0,7 l kräftige Gemüsebrühe
   od. Hühnerbrühe
einige frische Majoranblätter
2 EL Zitronensaft
200 ml Sahne

c) Garnieren:
einige Blätter Zitronenmelisse

Kartoffel-Brennnessel-Suppe

mit Tomaten-Quarkklößen

Zutaten für 4 Personen:

a) Klöße:

100 g Magerquark
1 EL Tomatenmark
1 Tomate
1 EL Zitrone
frischen Majoran
  (od. Oregano)
1 Scheibe Toastbrot
  (ohne Rinde)
etwas Salz
etwas Zucker
etwas Pfeffer
3 frische Eiweiß

b) Suppe:

400 g mehlig kochende
  Kartoffeln
50 g Zwiebeln
50 g Möhren
50 g Sellerie
30 g Butter
1 EL Mehl
1 l Hühnerbrühe
2 EL Zitronensaft
150 g Brennnesselblätter
  (von jungen Pflanzen)
200 g saure Sahne
etwas Salz
etwas Zucker
etwas Pfeffer
1 EL frischen, geh. Majoran

c) Garnitur:

einige frische Majoranblätter

Zubereitung:

a) Klöße:

① Den Quark, Tomatenmark und Zitronensaft mit dem Schneebesen aufrühren.
② Die Tomate vom Stielansatz befreien und die Haut leicht einritzen. So vorbereitet, die Tomate kurz in kochendem Wasser abwellen, abziehen und entkernen.
③ Anschließend das verbleibende Tomatenfleisch in sehr feine Würfel schneiden und zum Quark hinzufügen.
④ Den Majoran zusammen mit der Scheibe Toastbrot sehr fein hacken und zum Quark hinzu geben.
⑤ Die Tomaten-Quark-Krem mit den Gewürzen kräftig abschmecken.
⑥ Das Eiweiß zu Schaum schlagen und unter die Quarkmasse heben.
⑦ Mit einem heißen Löffel Nocken formen und in Salzwasser kurz unter dem Kochpunkt gar ziehen lassen. Dabei darf die Kochflüssigkeit nicht sprudelnd kochen, weil sonst die Klöße zerfallen.

b) Suppe:

① Die Kartoffeln schälen und in Würfel schneiden.
② Die Zwiebeln, Möhren und den Sellerie ebenfalls putzen und fein würfeln.
③ Die Gemüse- und Kartoffelwürfel in Butter anschwitzen.
④ Den Ansatz mit etwas Salz, Zucker und Pfeffer vorsichtig würzen, dann mit dem Mehl abstäuben und es kurze Zeit mitschwitzen lassen.
⑤ Alles mit der Brühe und dem Zitronensaft auffüllen.
⑥ Das Gemüse in der Brühe gar kochen.
⑦ Die Suppe mit dem Pürierstab pürieren und durch ein Sieb streichen.
⑧ Die Brennnesselblätter (mit Handschuhen) von den Stielen befreien und mit der sauren Sahne mischen.
⑨ Die Sahne-Brennnessel-Mischung ebenfalls mit dem Pürierstab zerkleinern und in die heiße Suppe geben.
⑩ Die Suppe mit Salz, Zucker und Pfeffer sowie dem Majoran abschmecken.

c) Anrichten und Garnieren:

① Die Suppe in vorgewärmten Tellern anrichten und mit den Klößen dekorieren.

② Mit einigen Blättern frischen Majoran garnieren.

Tipp: Wenn Sie die appetitlich frische Farbe der Suppe erhalten wollen, sollten Sie die Brennesselblätter erst kurz vor dem Servieren zusammen mit der gut gekühlten sauren Sahne pürieren. Danach sollte die Suppe nicht mehr kochen, ansonsten würde die saure Sahne gerinnen und die Brennnessel würde die Farbe verlieren.

Kartoffel-Sauerampfersuppe
mit Pumpernickelcroutons

Zutaten für 4 Personen:
300 g mehlig kochende Kartoffeln
40 g Schalotten
30 g Butter
40 g mageren Schinkenspeck
1 EL Mehl
1 l Gemüsebrühe
1 EL Zitrone
etwas Salz
etwas Zucker
etwas Muskat
etwas weißer Pfeffer
0,2 l Sahne
100 g Sauerampferblätter
100 g Pumpernickel

Zubereitung:

① Die Kartoffeln und Schalotten schälen und würfeln.

② Die Butter im Topf erhitzen und die Gemüsewürfel darin farblos anschwitzen.

③ Den Schinkenspeck im Stück dazugeben und kurz mitschwitzen.

④ Den Ansatz mit dem Mehl abstäuben und mit der Brühe auffüllen.

⑤ Die Suppe 20 Min. kochen lassen und den Speck entnehmen.

⑥ Die restliche Suppe durch ein Sieb streichen und mit den Gewürzen abschmecken.

⑦ Die Sauerampferblätter grob schneiden und in der Sahne mit dem Schneidstab pürieren.

⑧ Die Sahne kurz vor dem Servieren in die Suppe rühren.
⑨ Den gekochten Speck in Streifen schneiden und in der Pfanne rösten.
⑩ Das Pumpernickelbrot in feine Würfel schneiden und in dem Bratensatz des Specks kurz rösten.
⑪ Den Speck und die Brotwürfel gut entfetten.

Anrichten und Garnieren:
① Die einzelnen Portionen der Suppe in Tellern abfüllen.
② DenMit etwas Speck und den Croutons garnieren.

Kartoffel-Spinatsuppe
mit Frischkäse und Kochschinken

Zutaten für 4 Personen:

a) Suppe:
400 g mehlig kochende Kartoffeln
30 g Zwiebeln
1 Zehe Knoblauch
30 g Butter
1/8 l trockener Weißwein
750 ml Gemüsefond
etwas Salz
etwas Zucker
etwas Muskat
etwas weißer Pfeffer
250 g Frischkäse (natur)
0,2 l Sahne
250 g Blattspinat (TK)

b) Garnitur:
100 g Kochschinken

Zubereitung:

a) Suppe:
① Die Kartoffeln schälen und in Würfel schneiden.
② Die Zwiebeln und Kartoffelwürfel in der Butter anschwitzen.
③ Eine zerkleinerte Knoblauchzehe dazu geben.
④ Mit dem Weißwein und dem Gemüsefond ablöschen und 20 Min. kochen.
⑤ Die Suppe mit den Gewürzen kräftig abschmecken.
⑥ Den Frischkäse in die Suppe geben und unter Rühren auflösen.
⑦ Mit einem Schneidstab die Sahne und den angetauten Blattspinat pürieren.
⑧ Kurz vor dem Servieren die Sahne-Spinatmischung in die Suppe geben.
⑨ Die Suppe mit den gleichen Gewürzen nachschmecken.

b) Anrichten und Garnieren:
① Die Suppe in Tellern, Tassen oder in der Terrine anrichten.
② Mit Streifen von Kochschinken garnieren.

Kartoffel-Steinpilz-kremsuppe

mit Nordseegarnelen

Zubereitung:

a) Suppe:

① Die Kartoffeln schälen und in kleine Würfel schneiden.

② Die Pilze putzen und fein hacken.

③ Die Zwiebeln in feine Würfel schneiden.

④ Die Kartoffeln, Zwiebeln und Pilze mit der Butter anschwitzen.

⑤ Den Ansatz mit der Brühe auffüllen.

⑥ Die Suppe ca. 20 Min. köcheln lassen.

⑦ Alles mit dem Pürierstab zerkleinern und durch ein Sieb streichen.

⑧ Mit Zitrone, Salz, Zucker, weißem Pfeffer und etwas Muskat abschmecken.

⑨ Etwas frischen Majoran hacken, die Sahne schlagen und kurz vor dem Servieren in die Suppe geben.

b) Anrichten und Garnieren

① Die Nordseegarnelen auf 4 Teller verteilen und die sehr heiße Suppe einfüllen.

② Mit der Blattpetersilie bestreuen.

Tipp: Für dieses Rezept können auch getrocknete Steinpilze verwendet werden. Die getrockneten Pilze sind besonders aromatisch, deshalb reichen 15 bis 20 g getrocknete Steinpilze für dieses Rezept aus. Sie sollten schon am Vortag in etwas Wasser eingeweicht werden. Da das Einweichwasser überaus aromatisch ist, wird es durch einen Kaffeefilter gegeben, um es von Sand oder Schmutz zu befreien. Wenn der Sud der Suppe zugegeben wird, verfeinert er ihren Geschmack.

Zutaten für 4 Personen:

a) Suppe:
250 g mehlig kochende Kartoffeln
30 g Butter
30 g Zwiebeln
100 g Steinpilze
1 l Gemüsebrühe oder Fischfond
100 g Nordseegarnelen
etwas Salz
etwas Pfeffer
etwas Muskat
1 EL Zitronensaft
etwas Majoran
0,2 l Sahne

b) Garnitur:
2 EL Blattpetersilie

Kartoffeltopf
mit Sauerkraut und Ananas

Zutaten für 4 Personen:

500 g vorwiegend fest
  kochende Kartoffeln
80 g Zwiebeln
80 g mageren Räucherspeck
30 g Butter
1 Msp. gem. Kümmel
1 Lorbeerblatt
150 ml Ananassaft
1 l Gemüsebrühe
300 g Sauerkraut
300 g frische Ananas
  (oder aus der Dose)
etwas Salz
etwas Zucker
etwas schwarzer Pfeffer

b) Garnitur:
150 g saure Sahne
schwarzer Pfeffer a. d. Mühle
4 Scheiben rohen Schinken
1 Bund Schnittlauch

Zubereitung:

a) Suppe:

① Die Kartoffeln schälen und in feine Würfel schneiden.
② Die Zwiebeln und den Räucherspeck ebenfalls würfeln.
③ Zwiebeln und Speck in Butter anschwitzen.
④ Den Kümmel und das Lorbeerblatt kurz mitschwitzen.
⑤ Die Kartoffelwürfel zugeben und ebenfalls kurz anschwitzen.
⑥ Alles mit Salz, Zucker, Pfeffer würzen.
⑦ Den Ansatz mit dem Ananassaft und der Gemüsebrühe auffüllen und zum Kochen bringen.
⑧ Die Kartoffeln 5 Min. garen lassen.
⑨ Das Sauerkraut zugeben und alles 15 Min. kochen.
⑩ Die Ananas schälen und in feine Würfel schneiden.
⑪ Die Ananaswürfel in der Suppe erhitzen.
⑫ Die Suppe mit Salz, Zucker und Pfeffer nachschmecken.

b) Anrichten und Garnieren:

① Die saure Sahne mit etwas schwarzem Pfeffer aufrühren.
② Die Suppe in vorgewärmte Terrinen schöpfen und jeweils mit einem Löffel saurer Sahne und feinen Schinkenstreifen garnieren.
③ Alles mit Schnittlauchröllchen bestreuen.

Tipp: Wer die Suppe gerne etwas sämiger mag, kann einige gekochte Kartoffeln in die Suppe pressen oder etwas Kartoffelpüreepulver in die Suppe rühren.

Tipp: Von der Menge ist diese Suppe so bemessen, dass sie als Eintopf eine vollwertige Mahlzeit bildet. Ein deftiges Zwiebelbrot rundet die Suppe ab.

Kürbis-Kartoffelsuppe
mit Ingwer

Zubereitung:

a) Suppe:

① Die Kartoffeln und den Kürbis schälen und in Würfel schneiden.

② Das Kürbiskernöl im Topf erhitzen und die in feine Würfel geschnittenen Zwiebeln darin anschwitzen.

③ Die Kartoffeln und das Kürbisfleisch dazu geben und zusammen mit dem Ingwer und dem Honig anschwitzen und mit Gemüsebrühe auffüllen.

④ Die Suppe kochen, bis die Kartoffeln und der Kürbis gar sind.

⑤ Alles mit dem Pürierstab aufrühren und durch ein Sieb seihen.

⑥ Mit der Sahne auffüllen und wieder erhitzen.

⑦ Die Suppe mit Zitrone und den Gewürzen abschmecken.

b) Anrichten und Garnieren:

① Die Kürbiskerne ohne Fett in einer Pfanne kurz anrösten.

② Die Suppe in vorgewärmten Tellern anrichten.

③ Mit den Kürbiskernen garnieren.

Tipp: Dieses einfache Rezept eignet sich besonders gut, die in manchen Gartenjahren besonders großen Winterkürbisse auf sehr schmackhafte Art zu verwerten. Sie können diese Suppe, da sie als Bindemittel nur das Fruchtfleisch enthält, auf Vorrat kochen und ohne wesentliche Qualitätsverluste einfrieren. Mit Stärke oder Mehl gebundene Suppen dagegen, würden beim Einfrieren ihre Bindung verlieren.

Zutaten für 4 Personen:

a) Suppe:

400 g mehlig kochende Kartoffeln
30 g Kürbiskernöl
30 g Zwiebeln
400 g frischen Kürbis
1 TL geriebener Ingwer
1 EL Honig
1 l Gemüsebrühe
2 EL Zitrone
etwas Salz
etwas Zucker
etwas weißer Pfeffer
200 ml Sahne

b) Garnitur:

4 EL geschälte Kürbiskerne

Legierte Kartoffel-Möhrenkrem
mit gerösteten Pinienkernen

Zubereitung:

a) Suppe:

① Die Kartoffeln, Möhren, Sellerie und die Schalotten schälen und in kleine Würfel schneiden.

② Die Butter im Topf erhitzen und das Gemüse darin farblos anschwitzen.

③ Den Honig und den Ingwer zugeben und mit dem Gemüse etwas karamellisieren lassen.

④ Das Mehl darüber sieben, unterrühren und mit dem Gemüsefond auffüllen.

⑤ Mit Zitrone, Salz, Zucker und Cayennepfeffer abschmecken.

⑥ Den Ansatz 20 Min. weichkochen und durch ein Sieb streichen.

⑦ Die Sahne gut mit dem Eigelb verrühren.

⑧ Die Suppe nochmals erhitzen, vom Herd ziehen und die Eigelb-Sahne-Mischung zügig unterrühren.

⑨ Falls notwendig noch einmal mit den Gewürzen nachschmecken.

Tipp: Die Suppe darf nach dem Legieren mit dem Eigelb-Sahnegemisch nicht mehr kochen, ansonsten würde das Eigelb gerinnen und ausflocken.

b) Anrichten und Garnieren:

① In einer Pfanne die Pinienkerne ohne (!) Fett anrösten.

② Die gefüllten Suppentassen mit den Pinienkernen und etwas Blattpetersilie garnieren.

Zutaten für 4 Personen:

a) Suppe:
300 g mehlig kochende Kartoffeln
300 g Möhren
50 g Sellerie
50 g Schalotten
30 g Butter
1 EL flüssiger Honig
eine Msp. geriebener Ingwer
1 l Gemüsefond
2 EL Zitrone
etwas Salz
etwas Zucker
etwas Cayennepfeffer
2 frische Eigelb
200 ml Sahne

b) Garnitur:
60 g Pinienkerne

Tipp: Durch das Binden der Suppe mit Eigelb und Sahne erhält die Suppe eine sehr samtige Bindung, die gut mit dem feinen Aroma von Möhre, Kartoffel und Honig und der Schärfe des Ingwers harmoniert.

Ostfriesische Kartoffelsuppe

Zubereitung:

a) Suppe:

① Die Kartoffeln schälen und in Würfel schneiden.

② Die Zwiebeln und das Gemüse würfeln.

③ Etwas Butter im Topf erhitzen und die Kartoffel-, Zwiebel- und Gemüsewürfel anschwitzen.

④ Den Speck im Stück dazu geben und alles mit einer Prise Salz und Zucker würzen.

⑤ Mit Brühe oder Wasser auffüllen und kochen, bis das Gemüse gar ist.

⑥ In der Zwischenzeit die Krabben pulen und mit Zitronensaft und Weinbrand marinieren.

⑦ Den Speck aus der Suppe entnehmen und in kleine Würfel schneiden.

⑧ Die Speckwürfel in einer Pfanne kurz ohne Fett rösten.

⑨ Die restliche Suppe sorgfältig durch ein Sieb streichen und im Topf unter Rühren wieder erhitzen.

⑩ Die Nordseekrabben zusammen mit der Marinade in die heiße Suppe geben. Dabei darf die Suppe nicht mehr kochen!

⑪ Die Sahne schlagen und unmittelbar vor dem Servieren mit dem Schneebesen unter die Suppe rühren.

⑫ Abschließend die Suppe mit Salz, Zucker und schwarzem Pfeffer aus der Mühle abschmecken.

b) Anrichten und Garnieren:

① Die Kartoffelsuppe in Tellern anrichten.

② Mit den gerösteten Speckwürfeln und Dillzweigen garnieren.

Zutaten für 4 Personen:

a) Suppe:

500 g mehlig kochende Kartoffeln
50 g Zwiebeln
100 g Möhren
50 g Sellerie
120 g geräucherten Speck
30 g Butter
etwas Salz
etwas Zucker
1 l Gemüsebrühe
2 EL Zitronensaft
1 EL Weinbrand
300 g Nordseekrabben
0,25 l süße Sahne
etwas Salz
etwas Zucker
etwas schwarzer Pfeffer

b) Garnitur:

1 Bund Dill

Tipp: Die Krabben in dieser Rezeptur dürfen wie alle Meeresfrüchte nur in der heißen Flüssigkeit gar ziehen. Ein Kochen oder gar Braten würde sie stark schrumpfen lassen, weil sie eine sehr zarte Eiweißstruktur haben, die bei sehr hohen Temperaturen schnell austrocknet.

Pichelsteiner Eintopf

Zubereitung:

① Das Fleisch in grobe Würfel schneiden

② Etwas Butterschmalz im Topf erhitzen und die Würfel darin kurz anbraten.

③ Die Zwiebeln in Würfel schneiden und kurz mitrösten.

④ Die vorgesehene Menge Kümmel, Piment und das Lorbeerblatt dazu geben.

⑤ Mit der Brühe auffüllen und 60 Min. am Siedepunkt garen lassen.

⑥ Die Brühe zeitweise abschäumen und wenn nötig entfetten.

⑦ Kartoffeln, Möhren, Sellerie und Petersilienwurzel schälen und in gleichmäßige Würfel schneiden.

⑧ Die Gemüsewürfel zum Fleisch geben und alles mit Salz, Pfeffer und etwas Zucker würzen.

⑨ Am Siedepunkt etwa weitere 15 Min. garen lassen.

⑩ Lauch und Kohl in Blättchen schneiden und 10 Min. im Eintopf garen lassen.

⑪ Die Sellerieblätter hacken und kurz vor dem Servieren in die Suppe geben.

⑫ In einer Terrine anrichten und mit schwarzem Pfeffer aus der Mühle nachwürzen.

Tipp: Ursprünglich wurden die Zutaten für dieses traditionelle fränkische Eintopfgericht entsprechend ihrer Gardauer in den Topf geschichtet. So entfalten sich die frische Farbe der Gemüse und das Aroma aller Zutaten optimal. Es ist deshalb darauf zu achten, dass die Gemüse eine gleichmäßige Schnittform erhalten und in der Reihenfolge ihrer Gardauer zugegeben werden, damit die Zutaten nicht verkochen.

Zutaten für 6 Personen:

400 g Rindfleisch (Brust oder Fleisch aus dem Bug)

200 g Schweinefleisch (Nacken)

20 g Butterschmalz

100 g Zwiebeln

1 Msp. Kümmel

5 Pimentkörner

1 Lorbeerblatt

etwas Salz

etwas schwarzer Pfeffer

etwas Zucker

2 1/2 l Rinder- oder Gemüsebrühe (od. Wasser)

600 g fest kochende Kartoffeln

200 g Möhren

150 g Sellerie (mit Grün)

1 Petersilienwurzel

150 g Lauch

250 g Wirsingkohl

2 EL geh. Sellerieblätter

Tipp: Eine interessante Variante dieses Gerichtes ergibt sich, wenn Sie statt Schweinefleisch Lammfleisch verwenden.

Saure Kartoffel-Gurkensuppe
mit Hackfleisch

Zutaten für 4 Personen:

a) Suppe:
300 g mehlig kochende
  Kartoffeln
300 g Salatgurken
30 g Zwiebeln
20 g Öl
250 g Rinderhackfleisch
etwas Salz
etwas Zucker
1/2 Tasse Zitronenessig
1 l Gemüsebrühe
1 Lorbeerblatt
0,2 l Sahne
2 EL geh. Dill

b) Garnitur:
100 g Crème fraîche
1 TL bunter, grober
  Steakpfeffer
einige Zweige Dill

Zubereitung:

a) Suppe:

① Die Kartoffeln und Gurken schälen und in gleichmäßige Würfel schneiden.

② Das Hackfleisch in Öl anbraten und etwas Farbe nehmen lassen.

③ Die Zwiebeln fein würfeln und zum Hackfleisch geben.

④ Die Gurken- und Kartoffelwürfel zugeben, mit etwas Salz und Zucker würzen und kurz mitschwitzen.

⑤ Mit Essig und Brühe ablöschen, das Lorbeerblatt dazu geben und die Gemüse etwa 10 Min. gar kochen.

⑥ Mit einem Schneebesen gut durchrühren, bis durch die zerfallenden Kartoffeln eine leichte Bindung entsteht.

⑦ Mit der Sahne und dem Dill vollenden.

⑧ Die Suppe mit Salz, Zucker und vor dem Servieren, falls notwendig, mit etwas Essig abschmecken.

b) Anrichten und Garnieren:

① Anschließend in vorgewärmten Tellern anrichten.

② Crème fraîche mit dem Steakpfeffer aufrühren und jeweils einen Löffel in die Suppe setzen.

③ Mit dem Dill garnieren.

Bauernfrühstück
mit marinierter Roter Bete

Zutaten für 6 Personen:

a) Kartoffeln
  und Rote Bete:
800 g fest kochende
  Kartoffeln
1 TL Kümmel
1,5 kg Rote Bete

b) Marinade:
30 g Zwiebeln
1 EL süßer Senf
100 ml Rotweinessig
200 ml Pflanzenöl
1 Knoblauchzehe
etwas Salz
etwas Zucker
etwas schwarzer Pfeffer
20 g Butterschmalz
50 g Zwiebeln
250 g Schinkenspeck
8 frische Eier
100 ml Sahne
150 g Senfgurken
etwas Salz
etwas schwarzer Pfeffer
etwas Paprika (edelsüß)
2 EL geh. Blattpetersilie

c) Garnitur:
1 EL geh. Dill
4 Salz- od. Essiggurken

Zubereitung:

a) Kartoffeln und Rote Bete:

① Die Kartoffeln mit der Schale waschen und daraus Pellkartoffeln zubereiten. Dabei wird dem Kochwasser etwas Kümmel zugesetzt. Wichtig ist, dass die Kartoffeln nicht zu weich garen, sonst zerfallen sie beim Braten.

② Anschließend die Rote Bete waschen und mit der Schale kochen, bis sie weich sind.

③ Die roten Knollen werden geschält und in mundgerechte Stücke geschnitten.

④ Die Kartoffeln pellen und in 1/2 cm dicke mundgerechte Scheiben schneiden.

⑤ Die Kartoffelscheiben in Butterschmalz anbraten und gut Farbe nehmen lassen.

b) Marinade:

① Die Zwiebeln würfeln und daraus zusammen mit dem Senf, dem Essig und dem Öl eine Marinade rühren.

② Diese mit etwas zerdrücktem Knoblauch und den Gewürzen süß-sauer abschmecken.

③ Die warmen Rote-Bete-Stücke in der Marinade eine Stunde durchziehen lassen.

④ Zwiebeln, Speck und Gurken in Würfel schneiden

⑤ Zwiebel- und Schinkenwürfel erst den fertig gerösteten Kartoffelscheiben zugeben.

⑥ Alles zusammen braten, bis die Zwiebeln zu bräunen beginnen.

⑦ Eier zusammen mit der Sahne aufschlagen mit wenig Salz, Pfeffer aus der Mühle und Paprikapulver würzen. und über die Zutaten in der Pfanne gießen.

⑧ Die Gurkenwürfel und die gehackte Blattpetersilie zugeben und die Eimasse unter mehrmaligem Rühren stocken lassen.

Tipp: Besonders gut lässt sich das Bauernfrühstück im vorgeheizten Ofen bei 180 °C stocken. Dabei kann man auf ein Durchrühren der Masse verzichten, wodurch ein Omelette entsteht, das sich dekorativ portionieren lässt.

Tipp: Grundsätzlich macht zu langes Braten bzw. Backen das Bauernfrühstück trocken!

c) Anrichten und Garnieren:
① Von der gestockten Masse Portionen abstechen.
② Zusammen mit der marinierten Roten Bete anrichten.
③ Über die Rote Bete noch etwas gehackten Dill geben.
④ Nach Belieben mit einer Salz- oder Essiggurke garnieren.

Tipp: Die Zwiebeln und die Gewürze dürfen erst den Kartoffeln zugegeben werden, wenn diese bereits die gewünschte Bräunung erreicht haben, denn die Zwiebeln geben beim Braten Feuchtigkeit ab, was eine zufriedenstellende Bräunung der Kartoffelscheiben verhindert. Das Salz aus dem Speck oder den zugesetzten Gewürzen zieht aus den Kartoffeln Wasser, was ebenfalls die Bräunung behindert. Ehrgeizige Versuche, nach zu früher Zugabe von Zwiebeln und Gewürzen doch noch Farbe an die Kartoffeln zu bringen, enden meist mit verkohlten Zwiebel- und Speckstücken im Bauernfrühstück bzw. den Bratkartoffeln.

Tipp: Bei Speck oder Schinken in Kartoffelgerichten ist immer Vorsicht bei der Verwendung von Salz geboten, denn Speck und Schinken sind an sich schon recht salzig. Eine zu üppig bemessene Salzzugabe verdirbt die Gaumenfreuden.

Bremer Labskaus

Zubereitung:

a) Vorarbeiten, die bereits am Vortag erledigt werden können:

① Aus Wasser, Spickzwiebel, Gewürzen und Essig einen Sud herstellen und zum Kochen bringen.

② Das Fleisch im Stück zugeben und am Siedepunkt 1½ bis 2 Stunden ziehen lassen.

③ Das Fleisch im Fond auskühlen lassen.

④ Den Sud entfetten.

⑤ Das Fleisch mit dem Fleischwolf wie Hackfleisch zerkleinern oder mit dem Messer in sehr feine Würfel schneiden.

> *Dieses klassische norddeutsche Matrosengericht genoss zuweilen einen negativen Ruf, weil manchmal der Gedanke der Resteverwertung selbst ambitionierte Köchinnen und Köche dazu verführte an den Zutaten zu sparen. Wie oben im Rezept beschrieben zubereitet, ist Labskaus ein aufwändiges und sehr leckeres Gericht. Serviert wird Labskaus mit einem echten Matjes und sauer eingelegter Roter Bete.*

b) Labskaus:

① Die Rote Bete mit Schale in gesalzenem Essigwasser gar kochen, abschälen und in feine Würfel schneiden.

② Die Kartoffeln schälen und in Salzwasser kochen.

③ Währenddessen die Gewürzgurken ebenfalls in Würfel schneiden.

④ Die Sardellen zusammen mit den Kapern fein hacken.

⑤ Die Zwiebeln in Butterschmalz glasig anschwitzen.

⑥ Piment, Muskat und Senf dazu geben und zusammen mit dem zerkleinerten Rindfleisch anschwitzen.

⑦ Alles mit dem Essig und einem ½ l Sud ablöschen.

⑧ Die gewürfelte Rote Bete und die Gurken beimengen.

Zutaten für 6 Personen:

a) Vorbereitung des Fleisches:

600 g schieres, gepökeltes Rindfleisch (Bug oder Keule)

1 Spickzwiebel (Zwiebel mit Lorbeerblatt, 2 Nelken)

½ Tasse Essig

3 Pimentkörner

etwas Salz

etwas Zucker

b) Labskaus:

200 g Rote Bete

etwas Essig

800 g mehlig kochende Kartoffeln

150 g Gewürzgurken

120 g Zwiebeln

30 g Butterschmalz

1 EL süßen Senf

Pr. Piment (gemahlen)

Pr. Muskat

3 Sardellen

1 TL Kapern

3 EL Zitronenessig

etwas Salz

etwas schwarzer Pfeffer

etwas Zucker

c) Garnitur:

20 g Butter

4 frische Eier

⑨ Die Kapern und Sardellen fein hacken, zugeben und mit Salz, schwarzem Pfeffer und Zucker würzen.

⑩ Die garen Kartoffeln heiß durch die Presse geben.

Tipp: Vorsicht! Ein Stampfen oder Zerkleinern mit dem Mixer macht aus den Kartoffeln einen zähen Kleister.

⑪ Anschließend die Kartoffelmasse vorsichtig mit einem Holzlöffel oder einer Schaumkelle unter die Rindfleischmasse heben.

⑫ Je nach gewünschter Konsistenz kann dem Labskaus noch etwas Fleischsud zugegeben werden.

c) Anrichten und Garnieren:

① Das Labskaus portionsweise anrichten.

② Etwas flüssige Butter darüber geben.

③ Jede Portion mit einem Spiegelei servieren.

Gebackene Kartoffelroulade
mit Kalbfleisch, Parmaschinken und Salbei

Zubereitung:

① Die Kartoffeln schälen und die Hälfte davon kochen und gut abdämpfen.

② Die gekochten Kartoffeln durch eine Presse geben und auskühlen lassen.

③ Die Kartoffelstärke und die Eier unter die Masse kneten und mit Salz und Muskat abschmecken.

④ Das Kalbfleisch durch eine mittlere Scheibe des Fleischwolfes geben oder vom Fleischer wolfen lassen.

⑤ Das Hackfleisch mit der Sahne, dem entrindeten und fein gewürfelten Toast, den Eiern und Senf vermengen.

⑥ Anschließend die Masse mit den Gewürzen und dem Salbei abschmecken.

⑦ Einen stabilen Bogen Aluminiumpapier 30 x 40 cm auf die Arbeitsfläche legen und mit Butter einfetten.

⑧ Die restlichen, noch rohen Kartoffeln in hauchdünne Scheiben schneiden und ziegelartig auf der Aluminiumfolie zu einem Rechteck legen. An allen Seiten mind. 5 cm Rand lassen!

⑨ Auf die geschnittenen Kartoffeln die Kartoffelmasse verteilen und gut andrücken.

⑩ Auf die Kartoffelmasse die Hackmasse geben und den Schinken und die Salbeiblätter darauf verteilen.

⑪ Das vorbereitete Rechteck von der schmalen Seite her einrollen, ohne die Aluminiumfolie mit in die Roulade zu rollen.

⑫ Die Folie fest um die Rolle verschließen und im Ofen 30 Min. bei 180 °C backen.

⑬ Die Folie an der Oberseite aufschneiden und die Roulade bei starker Oberhitze Farbe nehmen lassen.

Tipp: Stechen Sie in die Folie auf der Oberseite einige Löcher, damit der Dampf abziehen kann. Ansonsten unterbindet der Wasserdampf in der Folie den Backprozess und die Aromabildung. Wenn Sie nach dem Öffnen der Folie etwas geriebenen Käse über die Rolle streuen, lässt sich die Roulade besonders gut überbacken.

Anrichten und Garnieren

① Die Roulade mit einem scharfen Messer in Scheiben schneiden und zusammen mit gedämpftem Brokkoli und etwas brauner Butter servieren.

Zutaten für 4 Personen:

a) Kartoffelmantel:
800 g fest kochende Kartoffeln
1 EL Kartoffelstärke
2 frische Eier
etwas Salz
etwas Muskat

b) Füllung:
500 g Kalbfleisch (z. B. aus der Schulter)
80 ml Sahne
2 frische Eier
2 Scheiben Toastbrot
1 TL Senf
etwas Salz
etwas Pfeffer
1/2 EL frischer, geh. Salbei
1 kl. Knoblauchzehe
20 g Butter
8 Salbeiblättchen
200 g dünn geschn. Parmaschinken

Geflügelleber

mit geschmolzenen Strauchtomaten
und Kartoffelnudeln

Zutaten für 4 Personen:

a) Kartoffelnudeln:
600 g vorwiegend fest
  kochende Kartoffeln
30 g Butter
80 g Mehl
2 frische Eier
40 g Grieß
etwas Salz
etwas Muskat

b) geschmolzene Tomaten:
600 g Strauchtomaten
30 g Olivenöl
1 Knoblauchzehe
1/2 Töpfchen Basilikum

c) Geflügelleber:
400 g Geflügelleber
  (Pute oder Huhn)
20 g Butterschmalz

Zubereitung:

a) Kartoffelnudeln:
① Die Kartoffeln als Pellkartoffeln kochen und pellen.
② Die Kartoffeln heiß mit einer Kartoffelpresse auf die Arbeitsfläche pressen.
③ Anschließend die Kartoffelmasse ausdampfen und etwas abkühlen lassen.
④ Mit der Butter, dem Mehl, den Eiern und dem Grieß verkneten.
⑤ Die Masse mit Salz und etwas Muskat würzen.

b) geschmolzene Tomaten:
① Einen Topf mit Salzwasser zum Kochen bringen.
② Mit beiden Händen etwa 4 cm lange, nicht zu dünne „Schlangen" formen und im siedenden Salzwasser garen, bis sie an der Oberfläche schwimmen.
③ Mit einer Schaumkelle entnehmen und beiseite stellen.
④ Den Stilansatz der Tomaten entfernen und die Haut etwas einritzen. Die vorbereiteten Tomaten kurz in kochendem Wasser abwellen lassen und in kaltem Wasser abschrecken. Jetzt die Haut sowie das Kerngehäuse entfernen und das Tomatenfleisch in Würfel schneiden.

Tipp: Die Kartoffelmasse darf beim Vermischen mit den Zutaten und beim Kneten nicht mehr heiß sein, sonst klebt die Kartoffelmasse sehr stark und lässt sich kaum formen.

⑤ Den Knoblauch in Scheiben schneiden und in Olivenöl anschwitzen.

⑥ Die Tomatenwürfel dazu geben und kurz zusammen mit dem Basilikum heiß werden lassen. Die Tomatenwürfel keinesfalls garen, weil sie sonst zerfallen!

⑦ Mit Salz, Zucker und schwarzem Pfeffer würzen.

c) Geflügelleber:

① Die Geflügelleber von Blutgefäßen befreien, mit Mehl abstäuben und ungewürzt kurz in sehr heißem Butterschmalz Farbe nehmen lassen.

② Anschließend die Leberstücke im vorgeheizten Ofen 10 Min. bei 150 °C gar ziehen lassen.

③ Während die Geflügelleber im Ofen gar zieht, die vorbereiteten Kartoffelnudeln kurz in Butter anbraten.

④ Die Leberstücke kurz vor dem Servieren mit etwas Salz und Pfeffer würzen.

d) Anrichten und Garnieren:

③ Die Leber zusammen mit den geschmolzenen Tomaten und den angebratenen Kartoffelnudeln servieren.

Tipp: Das Garziehen der Leber im Ofen und der Verzicht auf ein Würzen vor dem Braten macht aus Leber eine besonders zarte, saftige und schmackhafte Spezialität.

Kartoffel-Sauerkraut-auflauf

mit Kasseler

Zubereitung:

a) Kasseler

① 2 Liter Wasser mit der halbierten Gemüsezwiebel und den Gewürzen 15 Min. kochen lassen.

② Das Stück Kasseler in den kochenden Ansatz geben und 20 Min. am Siedepunkt garen lassen.

③ Das Fleisch in der Flüssigkeit auskühlen lassen.

④ Die Zwiebeln in Streifen schneiden und zusammen mit dem in Würfel geschnittenen Speck farblos anschwitzen.

⑤ Das auf einem Sieb abgetropfte Sauerkraut dazu geben und alles mit 1/2 l von der Kochflüssigkeit des Kasselers angießen.

⑥ Das Apfelmus dazu geben und das Sauerkraut mit Salz und Zucker abschmecken.

b) Kartoffel-Sauerkraut-Auflauf

① Die Kartoffeln schälen und in Salzwasser gar kochen.

② Anschließend die Kartoffeln gut abdämpfen und durch die Presse geben.

③ In die heiße Kartoffelmasse die Butter geben und schnell die 3 Eigelb unterrühren.

④ Die Kartoffelmasse mit Salz und Muskat abschmecken und heiß in einen großen Spritzbeutel mit Loch oder Sterntülle füllen.

Zutaten für 4 Personen:

a) Kasseler
700 g Kasselerrücken (ohne Knochen)
2 l Wasser
1 gr. Gemüsezwiebel
1 Lorbeerblatt
3 Nelken
1/2 TL Kümmel
etwas Salz
etwas Pfeffer

b) Kartoffel-Sauerkraut-Auflauf
150 g Zwiebeln
80 g magerer Räucherspeck
750 g mildes Sauerkraut
200 g fertiges Apfelmus
etwas Zucker
etwas Salz
800 g mehlig kochende Kartoffeln
50 g Butter
3 frische Eigelb
etwas Salz
etwas Muskat
30 g Butter

c) Garnitur:
50 ml Sahne
1 frisches Eigelb

Tipp: Wenn Ihnen das Fleisch im Auflauf zu mager und – was leider die Folge davon ist – auch zu trocken vorkommt, sollten Sie statt Kasselerrücken einfach Kasselernackenfleisch verwenden. Der Schweinenacken ist sehr viel durchwachsener, was sich vorteilhaft auf den Geschmack dieses ohnehin relativ rustikalen Gerichtes auswirkt.

c) Anrichten und Garnieren:

① Eine feuerfeste Form ausbuttern und das gut abgetropfte noch heiße Sauerkraut hinein geben.

② Das Fleisch in Scheiben schneiden und dekorativ etwas in das Sauerkraut hinein drücken, damit es nicht zu sehr austrocknet.

③ Mit dem Spritzbeutel die Kartoffelmasse dekorativ als Deckel über das Sauerkraut und Fleisch spritzen.

④ Die Sahne mit dem Eigelb aufrühren und mit einem Pinsel die Kartoffeloberfläche abpinseln.

⑤ Den Auflauf im Ofen bei starker Oberhitze 20 bis 25 Min. überbacken.

Tipp: Eine überaus schmackhafte und überraschende Variante ergibt sich aus diesem Gericht, wenn Sie statt des Kasselers grätenfreies Fischfilet, z.B. vom Rotbarsch oder Seelachs verwenden. Das Fischfleisch brauchen Sie nur mit etwas Zitrone, Salz und weißem Pfeffer würzen, aber nicht vorzugaren, weil die Garzeit so kurz ist, dass das Überbacken des Auflaufes für das Garen der Filets ausreicht.

Geschnetzeltes Lammfilet
mit Kartoffelbuchteln

Zubereitung:

a) Buchteln:

① Die Milch leicht erhitzen.

② Die Hefe in der handwarmen Milch auflösen.

③ Die Hefemilch mit den anderen Zutaten verkneten und zu einem glatten Teig verarbeiten. Die Kartoffeln dürfen dabei nicht mehr zu heiß sein!

④ Dann muss der Teig 30 Min. an einem warmen, zugfreien Platz, abgedeckt gehen.

Tipp: Achten Sie darauf, dass die Hefe beim Gären ihre optimalen Bedingungen vorfindet, damit der Teig das gewünschte Volumen erreicht. Zu große Hitze (> 45 °C) oder ein Abtrocknen der Teigoberfläche verhindert eine zufriedenstellende Gebäckqualität. Optimal kann sich die Hefe im handwarmen Teig bei ausreichender Feuchtigkeit entwickeln.

⑤ Anschließend den Teig erneut kräftig durchkneten.

⑥ Dann werden aus dem Teig kleine Kugeln geformt und nebeneinander in eine gefettete Form gesetzt.

⑦ Die Kartoffelbuchteln im Ofen bei 180 °C im vorgeheizten Ofen backen.

⑧ Gegen Ende der Backzeit die Teigoberfläche mit Wasser abpinseln, damit die Buchteln Glanz bekommen.

b) Lammfilet:

① Die Schalotten und den Speck in feine Würfel schneiden.

② Die Pilze von Druckstellen befreien und putzen.

③ Das Lammfilet von Sehnen und Häuten befreien und in etwa 1,5 cm starke Streifen schneiden.

④ Die Streifen kurz in heißem Fett anbraten.

⑤ Anschließend das Fleisch aus der Pfanne entnehmen.

⑥ Die Schalotten- und Speckwürfel sowie Pfifferlinge in der Pfanne anrösten.

⑦ Mit Wein, Gemüsebrühe und süßer Sahne auffüllen.

⑧ Alles aufkochen lassen und etwas einreduzieren bis die Soße sämig wird.

⑨ Schließlich mit Salz, Pfeffer, Knoblauch und Rosmarin würzen.

⑩ Das geschnetzelte Fleisch in der Soße erwärmen.

c) Anrichten und Garnieren:

① Die Buchteln einzeln abstechen.

② Das Geschnetzelte zusammen mit den Buchteln servieren.

Zutaten für 4 Personen:

a) Buchteln:
20 g Hefe
100 ml Milch
200 g Mehl
200 g gek. u. gepresste mehlig kochende Kartoffeln
2 frische Eier
40 g Butter
2 EL Schnittlauch

b) Lammfilet:
600 g Lammfilet
40 g Schalotten
40 g Speck
1 EL Butterschmalz
200 g Pfifferlinge
1/4 l Rotwein
100 ml Gemüsebrühe
150 ml süße Sahne
1/2 geh. Knoblauchzehe
etwas Pfeffer
etwas Rosmarin
etwas Salz

Tipp: Servieren Sie zu diesem Gericht glasierte Frühlingszwiebeln und Möhrchen.

Gratinierte Kartoffelklöße

Zutaten für 4 Personen:

a) Knödel:

800 g mehlig kochende
  Kartoffeln

100 g Mehl

3 frische Eigelb

50 g Grieß

4 EL Speisestärke

etwas Salz

etwas weißer Pfeffer

etwas Muskat

b) Hackmasse:

400 g Hackfleisch

2 Scheiben Toastbrot

1 EL Senf

1 frisches Ei

50 ml Sahne

50 g Schalotten

1 Bund Schnittlauch

1 geh. Knoblauchzehe

etwas Salz

etwas schwarzer Pfeffer

50 g Stärke

10 g Butter zum Ausbuttern
  der Form

100 ml Sahne

100 ml saure Sahne

100 g geriebener Emmentaler

Zubereitung:

a) Knödel:

① Die Kartoffeln schälen und garen.

② Durch eine Kartoffelpresse drücken, gut ausdampfen und auskühlen lassen.

③ Mit den Eigelben, dem Mehl und dem Grieß vermengen, würzen und kurz zu einem Teig verkneten.

b) Hackmasse:

① Das Toastbrot mit Senf, Ei, Sahne und feinen Schalottenwürfeln vermischen und mit einer Gabel gut zerdrücken.

② Das Hackfleisch mit der Toastbrotmasse vermischen, würzen und gut kneten.

③ Anschließend jeweils kleine Kugeln formen und in etwas Butterschmalz von allen Seiten anbraten.

④ Die Hackbällchen abkühlen lassen, mit dem Kartoffelknödelteig umhüllen und mittelgroße Klöße formen.

⑤ Die Stärke in einer halben Tasse Wasser aufrühren und 3 Liter kochendes Salzwasser damit binden. Die Klöße darin 15 Min. nahe am Kochpunkt gar ziehen lassen.

⑥ Danach die Klöße entnehmen und in eine ausgebutterte feuerfeste Form legen.

⑦ Die Sahne und saure Sahne verrühren und über die Klöße geben.

⑧ Mit dem Käse bestreuen und im vorgeheizten Ofen bei starker Oberhitze 20 bis 30 Min. gratinieren.

Tipp: Es bietet sich an, das Gericht durch frisches Gemüse wie Brokkoli, Tomaten oder Zucchini zu ergänzen. Die Gemüse können, ohne vorgegart zu werden, fein geschnitten direkt in die Auflaufform gegeben werden.

Tipp: Dieses Gericht lässt sich auch mit fertigen Klößen zubereiten, die neben die Hackfleischbällchen separat in die Auflaufform gelegt werden. So zubereitet ist das Gericht innerhalb einer halben Stunde servierfertig.

Gratinierte Kartoffeln

mit Tomaten, Quark und Basilikum

Zubereitung:

a) Kartoffel-Gratin:

① Die Kartoffeln als Pellkartoffeln zubereiten und warm pellen.

② Den Speck und die Zwiebeln fein würfeln und anschwitzen.

③ Die Tomaten vom Stielansatz befreien und die Haut leicht einritzen. So vorbereitet, die Tomaten kurz in kochendem Wasser abwellen lassen, abziehen und entkernen. Anschließend das verbleibende Tomatenfleisch in sehr feine Würfel schneiden.

④ Die Kartoffeln in eine gefettete feuerfeste Form geben.

⑤ Speck, Zwiebeln und Tomatenfleisch darauf verteilen.

b) Marinade:

① Eier, Quark, Olivenöl, Zitronensaft, Paprika und das fein gehackte Basilikum gut aufrühren.

② Mit einer zerdrückten Knoblauchzehe und den Gewürzen abschmecken.

③ Die Quarkmasse über die Kartoffeln geben.

④ Mit dem Semmelmehl bestreuen und etwas Olivenöl darüber geben.

⑤ Im Ofen 30 bis 40 Min. bei 180 °C backen.

c) Mozzarella:

① Den Mozzarella in Scheiben schneiden.

② Mit den angegebenen Zutaten marinieren.

d) Anrichten und Garnieren:

① Den Auflauf zusammen mit schwarzen Oliven und dem marinierten Mozzarella anrichten.

② Mit frischen Basilikumblättchen garnieren.

Zutaten für 4 Personen:

a) Kartoffel-Gratin:
1 kg fest kochende Kartoffeln
100 g magerer Schinkenspeck
50 g Schalotten od. Zwiebeln
500 g Tomaten

b) Marinade:
2 frische Eier
200 g Quark
3 EL Olivenöl
2 EL Zitronensaft
1 Pr. Paprikapulver (edelsüß)
1 Bund Basilikum
1 Knoblauchzehe
etwas Salz
etwas Zucker
etwas Pfeffer
3 EL Semmelmehl
3 EL Olivenöl

c) Mozzarella:
200 g Mozzarella
5 EL Olivenöl
etwas Basilikum
1 Zehe Knoblauch
Pr. Salz

d) Garnitur:
schwarze Oliven
einige frische
    Basilikumblättchen

Hamburger Pannfisch

Zubereitung:

1. Von den Kartoffeln nicht zu weiche Pellkartoffeln zubereiten.
2. Die Kartoffeln auskühlen lassen, schälen und in 0,5 cm starke Scheiben schneiden.
3. Das grätenfreie Filet waschen und in gleichmäßige Würfel schneiden.
4. Den Fisch mit Zitronensaft marinieren und leicht salzen.
5. Die Zwiebeln in feine Würfel schneiden und in der Butter glasig andünsten.
6. Die Fischwürfel zugeben und mit dem Weißwein ablöschen.
7. Das Lorbeerblatt in den Ansatz geben.
8. Den Fisch bei geschlossenem Deckel 3 bis 5 Min. bei geringer Hitze ziehen lassen.
9. Die Fischwürfel entnehmen und in den Dünstfond den Senf geben.
10. Alles mit der Sahne einkochen bis die Soße bindet und sämig wird.
11. Mit Salz, schwarzem Pfeffer und Zucker abschmecken.
12. In einer Pfanne Butterschmalz erhitzen.
13. Die Kartoffelscheiben gleichmäßig darin bräunen.
14. Die Soße über die Kartoffeln geben und vorsichtig den Fisch darin erwärmen.

Tipp: Die Soße erhält mit einigen Tropfen trockenen Sherry eine besonders interessante Note.

15. Alles vorsichtig durchschwenken und mit gehackten Kräutern garnieren.

Zutaten für 4 Personen:

800 g vorwiegend fest kochende Kartoffeln
600 g Seelachsfilet od. Rotbarsch
etwas Zitronensaft
etwas Salz
50 g Zwiebeln
30 g Butter
0,1 l Weißwein
1 Lorbeerblatt
2 EL mittelscharfer Senf
0,2 l Sahne
etwas Salz
etwas schwarzer Pfeffer
etwas Zucker
Butterschmalz od. Öl
geh. Blattpetersilie od. Dill

Tipp: Neben Fisch können Sie auch weitere Meeresfrüchte, wie Muscheln und Garnelen, verwenden.

Tipp: Reichen Sie zu diesem Gericht einen frisch angemachten Gurken-Tomatensalat mit Essig-Öl-Dressing.

Himmel und Erde

Zutaten für 4 Personen:

a) Gericht:
800 g mehlig kochende
    Kartoffeln
etwas Salz
400 g Zwiebeln
400 g saurer, fester Apfel
    (z.B. Boskop)
etwas Butterschmalz
etwas Zitronensaft
etwas Zucker
etwas Mehl
20 g Butter
200 g Schinkenwürfel
200 ml Milch
25 g Butter
Pr. Salz
etwas Muskat
etwas weißen Pfeffer

b) Garnitur:
etwas geh. Blattpetersilie

Zubereitung:

a) Gericht:

① Die Kartoffeln schälen, schneiden und in Salzwasser gar kochen.

② Die Kartoffeln abdämpfen lassen und warm stellen.

③ Die Zwiebeln schälen, in Ringe schneiden und leicht mit Mehl abstäuben.

④ Die Äpfel waschen, das Kerngehäuse ausstechen und in 1/2 cm starke Ringe schneiden.

⑤ Den Zitronensaft mit etwas Zucker aufrühren und die Apfelringe darin marinieren.

⑥ Das Butterschmalz erhitzen und die Zwiebeln goldbraun darin braten.

⑦ Die Zwiebelringe entnehmen.

⑧ Die Apfelringe mit Küchenpapier gut abtrocknen und mit wenig Mehl abstäuben.

⑨ In den Bratensatz der Zwiebeln die frische Butter geben.

⑩ Die Äpfel darin von beiden Seiten goldbraun braten.

⑪ Die Äpfel entnehmen und im restlichen Bratfett kurz die Schinkenwürfel anbraten.

⑫ Die Zwiebel, Apfelscheiben und den Schinken auf Küchenpapier gut entfetten.

⑬ Die Milch mit etwas Salz, Muskat und etwas weißem Pfeffer erhitzen, aber nicht kochen.

Tipp: Für den kulinarischen Genuss ist ein sorgfältiges Entfetten der gebratenen Zutaten sehr wichtig.

⑭ Die noch heißen Kartoffeln durch die Presse geben oder vorsichtig stampfen.
⑮ Die Butter dazu geben.
⑯ Die heiße Milch vorsichtig unter die Kartoffeln rühren.
⑰ Die Kartoffelmasse in eine leicht gebutterte Auflaufform geben.
⑱ Mit den Apfelscheiben, Zwiebeln und dem Schinken belegen.
⑲ Die Form bei starker Oberhitze im Ofen kurz gratinieren.

b) Anrichten und Garnieren:
① Vor dem Servieren mit gehackter Petersilie bestreuen.

Tipp: Zu diesem einfachen, aber leckeren Gericht, das ein vollwertiges Hauptgericht sein kann, empfehlen wir einen knackigen Salat. Für besonders hungrige Esser kann das Gericht durch ein Stück Fleisch, wie gebratene Kalbsleber, gebratene Blutwurst oder eine Bratwurst ergänzt werden.

Kartoffel-Birnen-Speckgratin
mit Backpflaumensoße

Zutaten für 6 Personen:

a) Gratin:
800 g vorwiegend
   fest kochende Kartoffeln
800 g Birnen
Saft 1 Zitrone
1/2 Tasse Zitronenessig
200 g mageren Räucherspeck
1 altbackenes Brötchen
50 g Butter
200 g Sahne
200 g Milch
6 frische Eier
etwas Salz
etwas Zucker
etwas weißer Pfeffer

b) Backpflaumensoße:
20 g Schalotten
30 g Butter
150 g entsteinte
   Backpflaumen
2 EL Pflaumenmus
1 EL Zitronensaft
1/2 l Rauchfond
100 ml dunkler Portwein
etwas Speisestärke
60 g ganze, entsteinte
   Backpflaumen
etwas Salz
etwas Zucker
etwas weißer Pfeffer

c) Garnitur:
einige Kerbelblättchen

Zubereitung:

a) Gratin:

① Die Kartoffeln schälen und in dünne Scheiben schneiden.

② Die Birnen vom Stielansatz sowie vom Kerngehäuse befreien und mit Schale in Spalten schneiden.

③ Die Birnenspalten mit dem Zitronensaft und dem Essig marinieren, damit sie nicht braun werden.

④ Den Räucherspeck, falls notwendig, entschwarten und in dünne Scheiben schneiden.

⑤ Das Brötchen reiben.

⑥ Eine flache, möglichst runde, feuerfeste Form mit Butter ausfetten.

⑦ Die Kartoffelscheiben, den Speck und die Birnen gleichmäßig in die Form schichten.

⑧ 4 Eßlöffel von der Birnen-Zitronen-Essig-Marinade über die Form verteilen.

⑨ Die Sahne, die Milch und die Eier aufrühren, vorsichtig mit den Gewürzen abschmecken und die Form damit angießen.

⑩ Alles mit dem geriebenen Brötchen bestreuen und 30 bis 45 Minuten bei 200 °C im Ofen backen.

b) Backpflaumensoße:
① Die Schalotten würfeln und in der Butter anschwitzen.
② Die 150 g Backpflaumen in feine Würfel schneiden und kurz mitschwitzen lassen.
③ Das Pflaumenmus, den Zitronensaft und die Brühe zugeben und 15 Min. kochen.
④ Den Portwein mit 1 EL Speisestärke aufrühren und zur Soße geben.
⑤ Die Soße aufkochen lassen und mit den Gewürzen abschmecken.
⑥ Die Backpflaumen hineingeben und einige Min. ziehen lassen.

c) Anrichten und Garnieren:
① Etwas Pflaumensoße auf einen Teller geben.
② Das Gratin wie einen Kuchen aufschneiden und auf der Soße platzieren.
③ Mit Kerbelblättchen garnieren.

Tipp: Der Rauchfond lässt sich sehr einfach herstellen, indem die Speckreste und Schwarten (etwa 300 g) zusammen mit einer Spickzwiebel, bestehend aus Zwiebel, einem Lorbeerblatt und 2 Gewürznelken, in einem 3/4 l Wasser etwa 1 Std. gekocht werden. Achten Sie darauf, dass Sie kein Salz verwenden. Oft ist der Speck salzig genug. Falls notwendig können Sie die fertige Soße mit Salz nachschmecken.

Kartoffel-Käsesoufflé

Zubereitung:

① Die geschälten Kartoffeln garen, gut abdämpfen und durch eine Presse geben.

② Den Käse dazu reiben und etwas frischen, fein gehackten Majoran dazu geben.

③ Die Masse mit Salz, Muskat und weißem Pfeffer würzen.

④ Die Masse auskühlen lassen.

⑤ Die Eier trennen. Das Eigelb unter die Kartoffelmasse rühren und das Eiklar in einer sauberen Schale steif schlagen.

⑥ Den Eischnee nach und nach vorsichtig mit einem Kochlöffel unter die Kartoffelmasse rühren.

⑦ Die Formen mit dem Öl ausfetten und die Masse hineinfüllen. Die Formen nur zu 3/4 füllen, weil die Soufflémasse beim Backen aufgeht.

⑧ Das Soufflé im vorgeheizten Backofen bei 180 °C zirka 30 Min. backen.

Zutaten für 4 Personen:

200 g mehlig kochende Kartoffeln

200 g Emmentaler Käse

1 EL frische, geh. Majoranblätter

2 EL Walnussöl

4 frische Eier

etwas Salz

etwas Muskat

etwas weißer Pfeffer

Tipp: Beim Unterheben des Eischaumes muss Volumen in die Masse gelangen. Die Masse darf sich durch vieles Rühren nicht wieder verdichten, denn eine verdichtete Masse ergibt beim Backen kein Volumen.

Tipp: Damit der Eischnee Volumen bekommt, muss die Trennung des Eigelbs sorgfältig geschehen, damit kein Eigelb ins Eiklar gelangt. Sowohl das Fett aus dem Eigelb als auch ein fettiges Gefäß verhindern ein erfolgreiches Aufschlagen des Eiklars.

Kartoffel-Moussaka
mit Lammhack

Zubereitung:

a) Lammhack:

① Die Auberginen schneiden, salzen und in Olivenöl anbraten.

② Das Hackfleisch in der selben Pfanne mit den Zwiebeln und dem klein geschnittenen Knoblauch anbraten.

③ Das Gemüse putzen und in feine Würfel schneiden und zusammen mit dem Hackfleisch braten.

④ Die Fleisch-Gemüse-Masse mit den Gewürzen abschmecken

b) Kartoffel-Moussaka:

① Die Kartoffeln schälen, in dünne Scheiben schneiden und mit etwas Salz und Pfeffer würzen.

② Eine feuerfeste Form mit Olivenöl auspinseln und mit dem Paniermehl bestreuen.

③ Den Schafskäse in sehr feine Würfel schneiden.

④ Den Schmand mit Sahne, Eiern und Schafskäse zu einer Soße aufrühren.

⑤ Die Soße mit den Gewürzen abschmecken.

⑥ Schichtweise Auberginen, Kartoffelscheiben und Gemüse in die Form geben. Dabei zwischen jeder Lage etwas Soße geben.

⑦ Die restliche Ei-Käsemasse über dem Auflauf verteilen.

⑧ Etwas Olivenöl auf der Masse verteilen und mit Paniermehl bestreuen.

⑨ Im Ofen etwa 60 Min. bei 180 ° C backen.

Zutaten für 4 Personen:

a) Lammhack:

2 Auberginen
400 g Lamm-Hackfleisch
100 g geh. Zwiebeln
2 Knoblauchzehen
etwas Salz
etwas Pfeffer
etwas getr. Oregano
200 g Möhren
4 Tomaten

b) Kartoffel-Moussaka:

500 g fest kochende Kartoffeln
200 g Schmand
200 ml Sahne
4 frische Eier
100 g Schafskäse mit
    Knoblauch
etwas Salz
etwas Paprikapulver (edelsüß)
3 El Olivenöl
3 EL Paniermehl

Heidjer Bauernomelette
mit Tomaten-Relish

Zutaten für 4 Personen:

a) Relish:
500 g Tomaten
2 Paprikas
200 g Zwiebeln
2 gepresste Knoblauchzehen
100 g brauner Zucker
100 ml Rotweinessig
1 TL Salz
etwas gem. Koriander

b) Omelette:
800 g fest kochende Kartoffeln
300 g Kasselerrücken
100 g Rote Zwiebeln
5 frische Eier
1 Bund Schnittlauch
1 Schale Kresse
2 EL Blattpetersilie
20 g Butterschmalz
etwas Salz
etwas Pfeffer

Zubereitung:

a) Relish:
① Die Paprika und die Zwiebeln in kleine Würfel schneiden.
② Den Stielansatz der Tomaten entfernen und die Haut einritzen.
③ Kurz in kochendem Wasser abwellen lassen, anschließend enthäuten und entkernen.
④ Das Tomatenfleisch ebenfalls in kleine Würfel schneiden und mit den anderen Zutaten vermengen.
⑤ Die Gemüsemischung mit etwas Koriander würzen und über Nacht im Kühlschrank durchziehen lassen.
⑥ Die Masse nun einkochen lassen bis die Flüssigkeit verdampft ist und anschließend wieder gut kühlen.

b) Omelette:
① Die Kartoffeln als Pellkartoffeln nicht zu weich kochen und pellen.
② Die Kartoffeln in Scheiben schneiden und in Butterschmalz goldbraun anbraten.
③ Das Fleisch in Streifen schneiden und mit anbraten.
④ In der Zwischenzeit die Zwiebeln pellen, in Streifen schneiden und ebenfalls mitbraten.
⑤ Alles vorsichtig mit Salz und etwas Pfeffer würzen.
⑥ Die Eier mit dem Schneebesen aufschlagen und zusammen mit den geschnittenen Kräutern dazugeben.
⑦ Das Ei unter mehrmaligem Rühren stocken lassen.
⑧ Wenn das Ei fast vollständig gestockt ist, das Omelett zusammenklappen und auf einer vorgewärmten Platte servieren.

c) Anrichten und Garnieren:
① Das Relish gut gekühlt zum Omelette reichen.

Tipp: Reichen Sie zum Bauernomelette einen Salat aus Fruchtgemüsen wie z.B. Tomaten- oder Gurkensalat mit einem Essig-Öl-Dressing und frischen Kräutern.

Kartoffelpizza
mit Mozzarella

Zubereitung:

a) Pizzaboden: .

① Die Sahne mit den Eiern und dem Käse aufrühren und mit den Gewürzen abschmecken.

② Die Kartoffeln schälen, in die Masse raspeln und einen Teig daraus rühren.

③ Den Teig auf einem Backpapier in Pizzaform bringen.

④ Im Ofen bei 200 °C 25 bis 30 Min. backen.

⑤ Den Teig mit dem Blech aus dem Ofen nehmen.

b) Belag:

① Die fein gehackte Knoblauchzehe in etwas Olivenöl geben und den heißen Pizzaboden damit beträufeln.

② Die Tomaten, Champignons und Zwiebeln für den Pizzabelag schneiden und auf den Teig verteilen.

Tipp: Da die Tomaten und die Pilze beim Backen viel Flüssigkeit abgeben, kann es passieren, dass der Teig sehr aufweicht. Dies kann verhindert werden, indem man die Pilze und Tomaten kurz in der Pfanne in etwas Butter andünstet und dann möglichst trocken auf die Pizza gibt.

③ Mit etwas Salz, einer Prise Zucker und Pfeffer würzen.

④ Den Mozzarella in dünne Scheiben schneiden und die Pizza damit belegen.

⑤ Die Pizza erneut bei 200 °C insgesamt 20 Min. im Ofen backen.

Zutaten für 4 Personen:

a) Pizzaboden: .
120 ml Sahne
3 frische Eier
etwas Salz
etwas Pfeffer
1 TL getr. Oregano
100 g geriebener Käse
1kg vorwiegend
    fest kochende Kartoffeln

b) Belag:
2 EL Olivenöl
1 Knoblauchzehe
300 g Tomaten
200 g Champignons
50 g Zwiebeln
300 g Mozzarella

Kartoffelstrudel
mit Lachs und Wirsingkohl

Zubereitung:

a) Kartoffelteig:

① Die Kartoffeln schälen und in Salzwasser garen.

② Die Kartoffeln auf der Herdplatte gut abdämpfen und heiß durch eine Presse drücken.

③ Die Kartoffelmasse auskühlen lassen und mit Mehl, Stärke und Eigelben zu einem Teig verkneten.

④ Den Teig mit den Gewürzen abschmecken.

⑤ Den Kartoffelteig auf einem feuchten Küchentuch zu einem nicht zu dünnen Rechteck ausrollen.

b) Füllung:

① Den Wirsingkohl waschen und in feine Streifen schneiden.

② Die Butter mit den Zwiebelwürfeln und dem geschnittenen Speck andünsten.

③ Wenn der Kohl gar ist, den Frischkäse dazu geben und alles mit Salz, Pfeffer und Muskat würzen.

④ Jetzt den ausgerollten Kartoffelteig mit den Bröseln bestreuen und den Kohl gleichmäßig darauf ausstreichen.

⑤ Das Lachsfilet in dünne Scheiben schneiden, auf den Wirsingkohl legen und etwas salzen.

Zutaten für 4 Personen:

a) Kartoffelteig:
800 g mehlig kochende Kartoffeln
4 frische Eigelb
2 EL Speisestärke
150 g Mehl
etwas Salz
etwas Pfeffer
etwas Muskat

b) Füllung:
150 g Wirsingkohl
50 g Speck
40 g Schalotten
30 g Butter
600 g Lachsfilet
3 EL Semmelbrösel
50 g Frischkäse

c) Soße:
1 Lorbeerblatt
1 Nelke
3 Pfefferkörner
2 EL Weißweinessig
0,25 l trockener Weißwein
150 g Schalottenwürfel
400 g Butter (TK)
etwas Salz
etwas Cayennepfeffer
etwas Zitrone

Tipp: Die besonders schmackhafte Soße zu diesem Gericht ist leider sehr vergänglich, weil die Butter sich beim Abkühlen oder zu starkem Erhitzen schnell wieder verflüssigt. Deshalb die Teller rechtzeitig vor dem Anrichten warm stellen und die Soße erst unmittelbar vor dem Essen zubereiten und sofort servieren.

⑥ Das ganze mit Hilfe des Handtuches vorsichtig zu einer Rolle aufwickeln.

⑦ Die Handtuchenden mit einem Bindfaden gut zubinden.

⑧ Dann in einem Topf mit Salzwasser ca. 30 Min. bei 95 °C garziehen lassen.

c) Soße:

① Die Buttermenge in kleine Würfel schneiden und einfrieren.

② Den Essig und den Weißwein mit den Gewürzen 5 bis 10 Minuten sieden lassen.

③ Die Flüssigkeit durch ein feines Sieb geben und auffangen.

④ Die Schalottenwürfel zusammen mit dem Wein-Gewürzauszug zum Sieden bringen.

⑤ Den Ansatz kochen, bis fast die gesamte Flüssigkeit verkocht ist.

⑥ Anschließend die Butterwürfel nach und nach mit einem Schneebesen in den Ansatz rühren.

⑦ Die Soße vom Herd ziehen und mit den Gewürzen und dem Zitronensaft abschmecken.

⑧ Die Soße sofort zum aufgeschnittenen Kartoffelstrudel servieren!

Tipp: Pinseln Sie den Kartoffelstrudel kurz vor dem Servieren mit flüssiger Butter ab und bestreuen Sie Ihn mit ein wenig geriebenem Weißbrot. Anschließend gratinieren Sie ihn bei sehr starker Oberhitze im Ofen. So erhält der Kartoffelstrudel ein besonders appetitliches Aussehen.

Tipp: Servieren Sie zu diesem Gericht Brokkoli oder grünen Spargel.

Kartoffelgulasch
mit Hackfleisch

Zubereitung:

a) Kartoffel-Hack-Gulasch:

① Die Kartoffeln schälen und in Würfel schneiden.

② Die Zwiebeln schälen und in Streifen schneiden.

③ Olivenöl in einem Topf erhitzen und das Hackfleisch darin anbraten.

④ Wenn das Hackfleisch ein bisschen Farbe genommen hat, die Zwiebeln und die Kartoffelwürfel zugeben.

⑤ Jetzt Tomatenmark, Zitronensaft, Paprikapulver, Zitronenschale, Majoran und die zerdrückten Knoblauchzehen zugeben und kurz mitdünsten.

⑥ Den Ansatz mit dem Rotwein und der Brühe ablöschen.

⑦ Das Gulasch zum Sieden bringen und 10 Min. kochen lassen.

⑧ Das restliche Gemüse putzen, in mundgerechte Stücke schneiden und kurz im Gulasch garen lassen.

⑨ Die Speisestärke in einer 1/4 Tasse Wasser aufrühren und unter Rühren in das Gulasch geben.

⑩ Danach einmal aufkochen lassen und das Gulasch falls nötig mit Salz und Pfeffer nachschmecken.

b) Anrichten und Garnieren:

① Das Gulasch in vorgewärmten Terrinen oder Suppenschalen anrichten.

② Mit etwas saurer Sahne garnieren.

Zutaten für 4 bis 6 Personen:

a) Kartoffel-Hack-Gulasch:
600 g fest kochende Kartoffeln
250 g Zwiebeln
30 ml Olivenöl
300 g Hackfleisch
2 EL Tomatenmark
2 EL Zitronensaft
1 EL Paprikapulver (edelsüß)
1/2 TL geriebene
   Zitronenschale
etwas Majoran (getrocknet)
2 Knoblauchzehen
1/4 l Rotwein
1 l Gemüsebrühe
2 Paprikaschoten
1 kl. Aubergine
1 kl. Zucchini
2 EL Speisestärke

b) Garnitur:
100 g saure Sahne

Tipp: Wer Gulasch lieber ein wenig schärfer mag, kann die Rezeptur um etwas Cayennepfeffer oder zwei zerdrückte Chilischoten ergänzen.

Poulardenbrust
mit marinierten Kartoffelscheiben und Raukepesto

Zubereitung:

a) Kartoffeln:

① Die Kartoffeln als Pellkartoffeln garen.

② Pellen und in Scheiben schneiden.

b) Marinade:

① Die Schalotten und den Staudensellerie würfeln, den Knoblauch fein hacken und alles in etwas Olivenöl anschwitzen.

② Den Senf dazu geben und mit Weißwein und der Brühe aufkochen.

③ Mit den Gewürzen kräftig abschmecken und warm über die Kartoffeln geben.

④ Die Kartoffeln einige Stunden durchziehen lassen.

c) Raukepesto:

① Die Raukeblätter von welken Stellen und Verschmutzungen befreien.

② Anschließend den Salat schneiden und zusammen mit Olivenöl, Pinienkernen und Knoblauch in der elektr. Schneidemaschine pürieren.

③ Den geriebenen Parmesan dazu geben und mit den Gewürzen abschmecken.

Tipp: Sollte das Pesto zu fest werden, können Sie es mit einigen Tropfen Olivenöl flüssiger machen.

d) Poulardenbrüste:

① Die Poulardenbrust von allen Seiten im Olivenöl scharf anbraten und anschließend würzen.

② Die Poulardenbrüste bei 180 °C im vorgeheizten Ofen 15 Min. gar ziehen lassen.

③ Dabei zeitweise mit dem Bratensaft übergießen.

e) Anrichten und Garnieren:

① Die marinierten Kartoffelscheiben auf einem Teller anrichten.

② Die noch warme Poulardenbrust aufschneiden und dekorativ dazu anrichten.

③ Mit etwas Pesto überziehen und servieren.

④ Mit kurz im Bratensatz angeschwitzten, gesalzenen Paprikarauten garnieren.

Tipp: Wenn mageres Fleisch, wie hier die Poulardenbrust, in der Pfanne fertig gebraten wird, neigt es dazu sehr trocken zu werden. Ein schonendes Garziehen im Ofen und ein anschließendes Ruhen des Fleisches von einigen Minuten, verbessert die Saftigkeit und Zartheit des Fleisches.

Zutaten für 4 Personen:

a) Kartoffeln:
800 g fest kochende Kartoffeln

b) Marinade:
50 g Schalotten
100 g Staudensellerie
1 Knoblauchzehe
40 ml Olivenöl
50 ml Weißweinessig
50 ml Weißwein
400 ml Gemüsebrühe
1 EL Senf
etwas Salz
etwas Zucker
etwas Pfeffer

c) Raukepesto:
200 g Rauke (Rucula)
150 ml Olivenöl
2 Knoblauchzehen
100 g frisch geriebener
    Parmesankäse
50 g Pinienkerne
etwas Salz
etwas Pfeffer

d) Poulardenbrüste:
4 kl. Poulardenbrustfilets
    (ohne Haut)
20 g Olivenöl
etwas Salz
etwas Paprika (edelsüß)
etwas Pfeffer

e) Garnitur:
2 rote Paprikaschoten

Soufflierte Knoblauchkartoffeln
mit Kräuterquark

Zubereitung:

a) Soufflierte Kartoffeln:

① Die Kartoffeln als Pellkartoffeln zubereiten und pellen.

② Den Stilansatz der Tomaten entfernen und in Scheiben schneiden.

③ Die Hälfte der Kartoffeln in Scheiben schneiden.

④ Die Scheiben mit Salz, Muskat und Pfeffer würzen und in die mit Butter gefettete Form setzen.

⑤ Die Tomatenscheiben gut verteilt ebenfalls einschichten.

⑥ Die restlichen Kartoffeln mit einer Kartoffelpresse in eine Schale pressen und auskühlen lassen.

⑦ Die Speisestärke über die Kartoffeln sieben und 5 Eigelb unter die lauwarme Masse heben.

⑧ Die Masse mit dem zerriebenen Knoblauch, der gehackten Petersilie und den Gewürzen deftig abschmecken.

⑨ Das vom Trennen der Eier übrig gebliebene Eiklar steif schlagen und nach und nach vorsichtig unter die Kartoffelmasse heben.

Tipp: Beim Unterheben des Eischaumes ist darauf zu achten, dass Volumen in die Kartoffelmasse kommt, denn der Eiweißschaum in der Kartoffelmasse bewirkt beim Backen das Soufflieren der Kartoffeln.

⑩ Die so gelockerte Masse über die Kartoffelscheiben in der Form geben.

⑪ Die Oberfläche der Masse mit etwas in Wasser aufgerührtem Eigelb bestreichen.

⑫ Im vorgeheizten Ofen bei 180 °C 20 bis 30 Min. backen.

Tipp: Wenn Sie einen Herd mit Umluftfunktion haben, sollten Sie diese ausstellen und nur die Funktion für Unter- und Oberhitze anschalten. Heftige Luftwirbel im Ofen können ein Zusammenfallen der Soufflémasse bewirken.

Zutaten für 4 Personen:

a) soufflierte Kartoffeln:

1 000 g vorwiegend
    fest kochende Kartoffeln

4 Tomaten

40 g Butter

5 frische Eier

1 EL Stärke

etwas Salz

etwas Muskat

etwas Pfeffer

4 Knoblauchzehen

1 Bund Petersilie

1 frisches Eigelb

b) Kräuterquark:

250 g Magerquark

100 ml Sahne

2 EL Zitronensaft

1 EL Pflanzenöl

etwas Salz

etwas Zucker

etwas weißer Pfeffer
    a. d. Mühle

1 EL fein geh. Estragon

1 EL Petersilie

1 EL Kerbel

b) Kräuterquark:

① Den Quark mit Sahne, Zitronensaft und Öl aufrühren.

② Mit Salz, etwas Zucker und Pfeffer würzen.

③ Die Kräuter unterrühren und einige Minuten durchziehen lassen.

c) Anrichten und Garnieren:

① Die soufflierten Kartoffeln jeweils mit etwas Quark auf einem Teller anrichten.

② Mit frischen Kräutern garnieren.

Tipp: Zu diesem deftigen Essen passt ein frischer Salat mit einem kräftigen Essig-Öl-Dressing.

Süßspeisen

Erdbeer-Kartoffelknödel
mit Mohnbutter

Zubereitung:

a) Knödel

① Die Kartoffeln schälen und in Salzwasser garen.
② Die gegarten Kartoffeln durch eine Kartoffelpresse auf die Arbeitsfläche pressen.
③ Die Masse gut ausdampfen und auskühlen lassen.
④ Dann Eigelbe, Mehl, Honig und Grieß untermengen, salzen und kurz zu einem Teig verkneten.
⑤ Die Erdbeeren putzen, waschen und gut abtrocknen.
⑥ Die Masse in acht gleiche Teile einteilen, in die Mitte der Teigstücke jeweils eine Erdbeere drücken und zu runden Klößen formen.
⑦ 2 Liter Salzwasser zum Kochen bringen.
⑧ Die Stärke mit etwas kaltem Wasser aufrühren und in das kochende Salzwasser geben.
⑨ Sobald das Wasser eine leichte Bindung hat, die Klöße ins kochende Salzwasser legen und bei 95 °C gar ziehen lassen.
⑩ Sobald die Klöße an die Oberfläche steigen, nimmt man sie aus dem Wasser und lässt sie gut abtropfen.

b) Mohnbutter:

① Die Butter in einem Topf zerlassen.
② Den Rübensaft und den Mohn mit der Butter vermengen.

c) Anrichten und Garnieren:

① Die warmen Klöße zusammen mit der Mohnbutter servieren.
② Die Süßspeise mit frischen Erdbeeren und Minzeblättern garnieren.

Zutaten für 4 Personen:

a) Knödel:
800 g mehlig kochende Kartoffeln
100 g Mehl
3 frische Eigelb
50 g Grieß
8 gr. Erdbeeren
3 EL Honig
2 l Wasser
etwas Salz
1½ EL Speisestärke

b) Mohnbutter:
125 g Butter
4 EL weißer Rübensaft
50 g gem. Mohn

c) Garnitur:
200 g frische Erdbeeren
einige Minzeblätter

Tipp: Diese Rezeptur lässt sich hervorragend durch andere Füllungen variieren, z.B. mit entsteinten, getrockneten aber vorher eingeweichten Pflaumen, mit Aprikosen oder Marillen bzw. Reneklonen. Ideal passen zu dieser Süßspeise auch Früchtepürees, die mit passendem Obstgeist oder Likör aromatisiert wurden.

Gefrorenes Kartoffel-Orangen-Soufflé

Zutaten für 4 Personen:

a) Soufflé:

2 frische Eier

3 frische Eigelb

100 g Ahornsirup

50 ml Orangensaft

2 l Wasser

100 g gek. und gepresste
   mehlig kochende Kartoffeln

50 ml Orangenlikör

250 ml Sahne

Fruchtfleisch 1 gr. Orange

b) Garnitur:

10 g Kakaopulver

1/2 l Orangensaft

2 EL Zucker

1 TL in Streifen geschnittene
   Schale einer unbeh. Orange

1 gehäufter EL Speisestärke

Orangenfilets von
   3 Orangen

20 ml Orangenlikör

20 g Schokoladenhobel

Zubereitung:

a) Soufflé:

① Die Eier, Eigelbe, den Sirup und den Saft zusammen in einer Metallschale schaumig rühren.

② 2 Liter Wasser in einen breiten Topf geben und zum Kochen bringen.

③ Die Metallschale ins Wasserbad stellen und Ei-Sirupmasse schlagen, bis sie eine leichte Bindung erhält und sämig wird.

Tipp: Beachten Sie bitte, dass das Ei im Wasserbad ausreichend erhitzt wird. Bei etwa 70 °C fängt die Masse an sichtbar zu binden. Gleichzeitig schaltet man bei Erreichen dieser Temperatur das Risiko einer Salmonelleninfektion weitgehend aus.

④ Die Masse darf auf keinen Fall zu heiß werden. Immer gut vom Rand weg rühren, ansonsten wird die Masse durch geronnenes Eiweiß klumpig.

⑤ In die Eimasse den Orangenlikör, das fein geschnittene Fleisch einer Orange und die nicht zu heiße Kartoffelmasse geben.

⑥ Diese Masse gut vermengen und abkühlen lassen.

⑦ Die Sahne steif schlagen und unter die Soufflémasse heben. Dabei darf die Masse durch zu häufiges oder zu heftiges Rühren nicht ihr Volumen verlieren.

⑧ Die Förmchen vorbereiten, indem sie mit einem Streifen Pergament umklebt werden, sodass ein erhöhter Rand von etwa 2 cm entsteht.

⑨ Die Masse in die Formen füllen, gut abdecken und über Nacht gefrieren.

⑩ Vom Orangensaft einige Löffel abnehmen und mit der Stärke aufrühren.

⑪ Den restlichen Orangensaft mit dem Zucker und der in Streifen geschnittenen Orangenschale aufkochen.

⑫ Die aufgerührte Stärke dazu geben und erhitzen bis eine gleichmäßige Bindung entsteht.

⑬ Die Orangenfilets und den Likör dazu geben und abkühlen lassen.

⑭ Die gefrorenen Soufflés aus der Tiefkühlung nehmen und die Pergamentstreifen entfernen.

b) Anrichten und Garnieren:

① Die Soufflés mit etwas Kakaopulver abstäuben.

② Die Formen jeweils auf einen Teller stellen.

③ Die Orangenfilets und die Orangen-Soße auf die Teller verteilen.

④ Diese Arrangements mit Schokoladenhobeln garnieren.

Tipp: Wenn Sie einen Löffel in die Masse halten und anschließend auf die daran haftende Masse pusten und ein Bild wie eine Rose in der Aufsicht zu sehen ist, ist die Masse fertig. Der Profi-Koch nennt diesen Vorgang »eine Krem zur Rose abziehen«.

Honig-Kartoffelkrapfen
mit Aprikosenragout und Vanilleschaum

Zubereitung:

a) Aprikosenragout:

① Die Haut der Aprikosen einritzen und die Früchte kurz in kochendem Wasser abwellen lassen.

② Anschließend die Haut abziehen, entkernen und vierteln.

③ Den Apfelsaft zusammen mit dem Zucker in einem Topf erhitzen.

④ Die Fruchtstücke kurz mitgaren.

⑤ Den Zitronensaft mit der Stärke aufrühren und damit die Früchte binden.

b) Krapfen:

① Die Milch zusammen mit Vanillinzucker, Butter, der Prise Salz aufkochen.

② Das gesiebte Mehl auf einmal in die Flüssigkeit geben und glatt rühren, bis sich ein weißer Belag auf dem Topfboden bildet.

③ Den Teig etwas abkühlen lassen.

④ Nach und nach die Eier und den Honig unterarbeiten.

⑤ Die Kartoffeln schälen, kochen, gut abdämpfen lassen und durch eine Kartoffelpresse drücken.

⑥ Jetzt die kurz abgekühlte Kartoffelmasse mit dem vorbereiteten Teig vermengen.

⑦ Von der Masse mit zwei, jeweils vor dem Formen in heißes Wasser getauchten Löffeln Nocken formen und auf Backpapier setzen.

⑧ Die Krapfen in ein heißes Fettbad gleiten lassen und backen, bis sie goldbraun sind.

⑨ Auf Küchenpapier entfetten.

c) Vanilleschaum:

① Die Milch zusammen mit der ausgekratzten Vanilleschote, dem Vanillinzucker, der Zitronenschale und einer Prise Salz erhitzen, aber nicht kochen lassen.

② Die Eier in einer ausreichend großen Metallschale mit dem Zucker schaumig rühren.

Zutaten für 4 Personen:

a) Aprikosenragout:
400 g frische Aprikosen
1 Msp. Ingwer
200 ml Apfelsaft
60 g Zucker
Saft 1 Zitrone
1 EL Speisestärke

b) Krapfen:
150 g Milch
1 P. Vanillinzucker
70 g Butter
1 Pr. Salz
180 g Mehl
100 g flüssiger Honig
2 frische Eier
300 g mehlig kochende
　　Kartoffeln

c) Vanilleschaum:
1/2 l Milch
1 Vanilleschote
1 P. Vanillinzucker
etwas geriebene
　　Zitronenschale
4 frische Eigelb
80 g Zucker
1 Pr. Salz

d) Garnitur:
einige Blättchen Pfefferminze

③ Die Ei-Zuckermasse unter Rühren mit der heißen Milch auffüllen.

④ Diesen Ansatz in ein heißes Wasserbad stellen und mit dem Schneebesen schlagen, bis die Masse zu binden beginnt und ein stabiler Schaum entsteht.

Tipp: Beim Aufschlagen des Vanilleschaumes im Wasserbad ist darauf zu achten, dass die Ei-Milch-Masse am Schalenrand nicht zu heiß wird, sonst gerinnt das Ei und der Schaum verliert seine kremige Beschaffenheit. Die Masse sollte deshalb immer vom Rand weg gerührt und gut gemischt werden, damit eine gleichmäßige Temperaturverteilung entsteht.

d) Anrichten und Garnieren:
① Die warmen Krapfen zusammen mit dem Aprikosenkompott anrichten und mit dem Vanilleschaum teilweise mit dem Vanilleschaum überziehen.

② Mit Minzeblättern garnieren

Tipp: Da die Masse Hühnerei enthält, auf eine ausreichende Erhitzung achten!

Kartoffelflinsen
mit Quittenmus

Zubereitung:

a) Quittenmus:
① Die Quitten gut waschen, anschließend Stielansatz und Blüte entfernen.

② Die Früchte mit Schalen und Kernen in Apfelsaft kochen.

③ Das Obst mit Zucker und Zimt würzen.

④ Wenn die Früchte weich gekocht sind, alles mit dem Schneidstab pürieren und durch ein Sieb streichen.

⑤ Das fertige Mus in eine Schale abfüllen und kalt stellen.

b) Kartoffelflinsen:

① Das Mehl sieben und mit den aufgeschlagenen Eiern aufrühren.

② Die Kartoffeln schälen und mit einer Reibe in die Ei-masse raspeln. Dabei die Raspeln regelmäßig unter die Eimasse rühren, damit sie nicht braun werden.

Tipp: Die Flinsen immer in ausreichend heißem Fett garen und anschließend auf Küchenpapier ent-fetten, damit sie nicht zu sehr mit Bratfett voll-gesaugt serviert werden.

③ Die Zwiebeln pellen und in Streifen schneiden.

④ Die Zwiebelstreifen mit etwas kochendem Wasser über-brühen, um die Schärfe aus den Zwiebeln zu nehmen.

⑤ Die abgekühlten Zwiebeln unter die Kartoffel-Ei-Masse heben.

⑥ Die Masse mit Salz, Pfeffer und etwas Zucker würzen und 20 Min. ziehen lassen.

⑦ Butterschmalz in der Pfanne erhitzen und jeweils 3 dünne Puffer ausbacken bis die Masse verbraucht ist.

c) Anrichten und Garnieren:

① Die Flinsen zusammen mit dem Quittenmus servieren.

② Je nach Geschmack können die Kartoffelflinsen auch mit Zucker bestreut werden.

Zutaten für 4 Personen:

a) Quittenmus:
1/4 l Apfelsaft
1 kg Birnenquitten
200 g Zucker
1 Pr. Zimt

b) Kartoffelflinsen:
150 g Mehl
5 frische Eier
1,5 kg vorwiegend
    fest kochende Kartoffeln
250 g Zwiebeln
etwas Salz
etwas weißer Pfeffer
1 Pr. Zucker
etwas Butterschmalz
    od. Pflanzenöl

Tipp: Quittenmus ist eine leckere Alternative zum altbekannten Apfelmus. Quitten sollten immer mit Schale und Kernen gegart werden. Die Schale ist ein wesentlicher Träger des Aromas und die Kerne enthalten ebenfalls eine frische Säure und harmoniert hervorragend mit den oft etwas deftigen Flinsen.

Kartoffelhörnchen
mit Marzipanfüllung und Pfirsichmarmelade

Zutaten für 4 bis 6 Personen:

a) Teig:

250 g fest kochende Kartoffeln

300 g Weizenmehl

1 P. Backpulver

60 g Zucker

1 P. Vanillinzucker

1 frisches Ei

1 EL Rum

1 EL Zitronensaft

1 Pr. Salz

50 g kalte Butter

b) Füllung:

200 g Marzipanrohmasse

1 frisches Eigelb

3 EL Milch

4 reife Pfirsiche

1 Zitrone

1 unbeh. Orange

etwas Ingwer

100 g Zucker

etwas Speisestärke

c) Garnitur:

Minze

Zitronenmelisse

Orangenschalenstreifen

Zubereitung:

a) Teig:

1. Die Kartoffeln als Pellkartoffeln nicht zu weich kochen, pellen, durch die Presse geben und auskühlen lassen.
2. Das Weizenmehl mit Backpulver, Zucker, der Prise Salz und dem Vanillinzucker mischen.
3. Die abgekühlten Kartoffeln mit dem Ei, dem Rum, dem Zitronensaft und der in feine Würfel geschnittenen kalten Butter vermengen.
4. Nach und nach das Mehlgemisch unterkneten.
5. Den Teig 1/2 Std. gut verpackt im Kühlschrank ruhen lassen.
6. Den Teig auf einer bemehlten Arbeitsfläche etwa 1 cm dick zu einem möglichst gleichmäßigen Rechteck ausrollen.
7. Das Rechteck in kleine gleichmäßige Rechtecke aufteilen und diese diagonal in Dreiecke teilen.

b) Füllung:

1. Etwas Marzipanrohmasse in die Mitte der Basis der Dreiecke geben.
2. Das Eigelb mit der Milch aufrühren.
3. Die Innenfläche der Dreiecke mit dem Eigelbgemisch abpinseln.
4. Die Dreiecke von der Basis her aufrollen und auf ein mit Backpapier ausgelegtes Blech setzen.
5. Mit dem restlichen Eigelb die Oberfläche der Hörnchen abpinseln.
6. Die Hörnchen im Ofen bei 200 °C ca. 20 Min. backen.
7. Die Pfirsiche schälen, entsteinen und in kleine Würfel schneiden.
8. Den Saft einer Zitrone und einer Orange mischen und die Pfirsichwürfel darin 3 Min. kochen.

⑨ Das Pfirsichfleisch, das nicht zerkocht sein sollte, herausnehmen und abkühlen lassen.

⑩ Von 1/4 der Orange feine Streifen schneiden. Dabei die weiße Innenhaut vollständig entfernen, weil sie sehr bitter ist.

Tipp: Bei der Herstellung der Marmelade ist darauf zu achten, dass die weiße Innenhaut der Orangenschale tatsächlich vollständig entfernt ist, weil sie sehr bitter ist und die Marmelade verderben würde.

⑪ Die Streifen zusammen mit einer Messerspitze geriebenem Ingwer und dem Zucker im Saftgemisch 10 Min. kochen.

⑫ Die Speisestärke mit 2 EL Wasser aufrühren und in den Saft geben.

⑬ Die Saftmischung so lange kochen, bis eine siruppartige Beschaffenheit erreicht ist.

⑭ Das Pfirsichfleisch mit dem Sirup mischen und etwas abkühlen lassen.

c) Anrichten und Garnieren:

① Die Hörnchen mit einer Portion der Pfirsichmarmelade servieren.

② Nach Belieben mit etwas Minze oder Zitronenmelisse und Streifen von Orangenschale garnieren.

Tipp: Der leicht scharfe und bittere Geschmack der Pfirsichmarmelade erinnert ein bisschen an Bittermarmeladen aus Großbritannien.

Kartoffel-Mohnpuffer
mit weißem Rübensirup und Rhabarberkompott

Zubereitung:

a) Rhabarberkompott:
① Den Rhabarber putzen, waschen und in Stücke schneiden.
② Die Stücke in eine Schale geben, mit dem Zucker bestreuen und die abgeriebene Zitronenschale zugeben.
③ Alles etwa 1/2 Std. ziehen lassen.
④ Danach den eingelegten Rhabarber mit der entstandenen Flüssigkeit und dem Zimt in einem Topf bei geschlossenem Deckel kurz aufkochen lassen.

Tipp: Den Rhabarber nicht schälen, weil die gekochte Schale schnell weich wird und die Schale ausschlaggebend für die rote Farbe des Kompotts ist. Geschälter Rhabarber bleibt nach dem Kochen grün. Es genügt deshalb, wenn die Verdickung am Stielende großzügig weggeschnitten wird.

⑤ Den möglichst in Stücken erhaltenen Rhabarber in eine Schale geben.
⑥ Den Rotwein mit der Stärke aufrühren und zusammen mit dem Dünstfond des Rhabarbers aufkochen lassen.
⑦ Die gebundene Flüssigkeit über den Rhabarber geben und auskühlen lassen.

b) Kartoffel-Mohnpuffer:
① Die Milch mit den Eiern und der Hefe verrühren.
② Zunächst die Haferflocken und den Mohn dazu geben.
③ Anschließend das Mehl in die Masse sieben und alles zu einem Teig verarbeiten.
④ Den Teig an einem warmen Ort ca. 30 Min. gehen lassen.
⑤ Unterdessen die Kartoffeln schälen und mit einer Raspel oder Maschine direkt in den Vorteig reiben. Die Kartoffelraspeln müssen zügig unter den Teig gerührt werden, damit Sie an der Luft nicht schwarz werden.
⑥ Den Teig mit dem Zucker und dem Salz abschmecken.

Zutaten für 4 Personen:

a) Rhabarberkompott:
600 g Rhabarber
150 g Zucker
1 Msp. geriebene
   Zitronenschale
1/2 Zimtstange
200 ml Rotwein
1 EL Speisestärke

b) Kartoffel-Mohnpuffer:
1 Tasse Milch
3 frische Eier
30 g Hefe
50 g Haferflocken
30 g gem. Mohn
50 g Mehl
600 g fest kochende
   Kartoffeln
100 g Zucker
1/2 TL Salz
150 ml weißer Rübensirup
Butterschmalz

⑦ Wiederum etwa 1/2 Std. gehen lassen und vor dem Braten der Puffer einmal gut durchrühren.

⑧ Butterschmalz in einer Pfanne erhitzen und die Masse zu Puffern verbacken.

⑨ Die Puffer auf Küchenpapier entfetten.

c) Anrichten und Garnieren:

① Die Puffer zusammen mit dem Rübensirup und dem Kompott anrichten.

Tipp: Zum Backen der Puffer keine Butter verwenden. Diese verbrennt sehr schnell und bildet unappetitliche und leider auch bittere Rückstände auf den Puffern.

Kartoffelkuchen
mit Mandel-Honig-Soße

Zubereitung:

a) Teig:

① Die Kartoffeln schälen, kochen, gut abdämpfen, durch die Presse geben und abkühlen lassen.

② Das Eigelb mit Zucker, Honig und Vanillinzucker schaumig rühren.

③ Die kalten Kartoffeln zufügen.

④ Die geriebenen Mandeln, den Grieß und das Backpulver mischen und mit dem Kartoffelteig gut vermengen.

⑤ Das Eiklar zu einem steifen Schaum aufschlagen und unmittelbar vor dem Backen vorsichtig unter den Teig heben, damit dieser Volumen erhält.

⑥ Eine Springform ausfetten und mit Semmelmehl bestreuen.

⑦ Den Teig einfüllen und den Kuchen bei 200 °C ca. 50 bis 60 Min. backen.

⑧ Den Kuchen vor dem Anschneiden gut auskühlen lassen.

b) Soße:

① Die Mandelstifte in einer Pfanne ohne Fett anrösten.

② Das Eigelb mit der Zitrone, dem Rum, dem Zucker und einer Prise Salz in einer ausreichend großen Metallschale kremig rühren.

③ Die Sahne, die Milch, den Honig und die gerösteten Mandeln zusammen erhitzen aber nicht kochen lassen.

④ Die heiße Sahnemischung zügig in die Eimasse rühren.

⑤ Anschließend alles in ein heißes Wasserbad stellen und mit dem Schneebesen schaumig schlagen, bis die Masse eine kremige Beschaffenheit erhält.

⑥ Die Mandelsoße aus dem Wasserbad nehmen, die Schale in kaltes Wasser stellen und etwas abkühlen lassen.

⑦ Den Kuchen in Stücke schneiden und mit etwas Mandelsoße überziehen.

Zutaten für 8 Personen:

a) Teig:
400 g mehlig kochende Kartoffeln
4 frische Eigelb
150 g Zucker
2 EL Honig
1 P. Vanillinzucker
100 g geriebene Mandeln
150 g Grieß
1 TL Backpulver
4 frische Eiklar
30 g Butter
2 EL Semmelmehl

b) Soße:
300 g Mandelstifte (ohne Haut)
5 frische Eigelb
Saft einer 1/2 Zitrone
1 EL Rum
100 g Zucker
Pr. Salz
250 ml Sahne
150 ml Milch
2 EL Honig

Tipp: Dieser Kuchen kann auch als Gebäck zum Kaffee gereicht werden. Dann sollte er jedoch mit einer Glasur, z.B. aus Schokolade oder Zitrone überzogen sein.

175

Kartoffelpfannkuchen
mit Blaubeeren

Zubereitung:

a) Pfannkuchen:

① Die Kartoffeln schälen, kochen und nach dem Abgießen auf der Herdplatte abdämpfen lassen.

② Danach die Kartoffeln durch eine Kartoffelpresse drücken und gut abkühlen lassen.

③ Die abgekühlte Masse mit den anderen Zutaten zu einem Teig verrühren und würzen.

④ Den Teig mindestens 1 Std. im Kühlschrank ruhen lassen.

⑤ Sollte der Teig danach zu dickflüssig sein, mit etwas Milch verdünnen.

⑥ In einer Pfanne etwas Butter zerlassen und aus dem Teig Pfannkuchen backen.

b) Blaubeeren:

① Vom Rotwein einige Löffel abnehmen und mit der Speisestärke aufrühren.

② Den Rotwein mit dem Zucker erhitzen und mit der Speisestärke kochen bis die Flüssigkeit klar ist.

③ Die Blaubeeren entstielen, waschen und im Rotwein einmal kurz aufkochen.

c) Anrichten und Garnieren:

① Die Pfannkuchen mit den heißen Blaubeeren begießen.

② Kurz vor dem Servieren mit Puderzucker abstäuben.

Zutaten für 4 Personen:

a) Pfannkuchen:
500 g mehlig kochende Kartoffeln
40 g Mehl
80 ml Sahne
5 frische Eier
ggf. etwas Milch
1 Msp. gemahlenen Ingwer
etwas Salz
100 g Butter

b) Blaubeeren:
1/4 l Rotwein
1 EL Speisestärke
150 g Zucker
250 g Blaubeeren

c) Garnitur:
etwas Puderzucker

Tipp: Wenn man dem Rezept 1/2 Päckchen Backpulver zusetzt, wird der Pfannkuchen luftiger und leichter.

Tipp: Die Pfannkuchen sollten nach dem Backen kurz auf Haushaltspapier entfettet werden.

Kartoffelpudding
mit Rhabarber-Erdbeergrütze

Zubereitung:

a) Pudding:

① Die Kartoffeln schälen, kochen, gut abdämpfen und durch die Presse geben.

② Die Eigelbe mit Zucker und Vanillezucker schaumig rühren.

③ Die warmen aber nicht mehr heißen Kartoffeln mit der Eigelb-Zuckermischung vermengen.

④ Anschließend die Masse mit dem Rum, der Zitronenschale, dem Saft und der Prise Salz abschmecken.

⑤ Dann die Sahne untermengen.

⑥ Die Eiklar zu einem steifen Schaum aufschlagen.

⑦ Die ausgewählten Puddingformen mit Butter auspinseln und mit Zucker ausstreuen.

⑧ Vorsichtig den Eischaum unter die Kartoffelmasse heben, sodass die Masse Volumen erhält.

⑨ Die Masse in die vorbereiteten Formen füllen.

⑩ Ein tiefes Blech oder einen Bräter mit kochendem Wasser füllen, bis die Förmchen zu 2/3 im heißen Wasser stehen.

⑪ Die Bräterform in den untersten Einschub des Backofens stellen und bei 180 °C je nach Größe der Form 20 bis 30 Min. garen.

Tipp: Bei Zweifeln, ob die oben angegebene Garzeit auch für die ausgewählten Puddingformen ausreicht, den Garzustand des Puddings, wie bei einem Kuchen, mit einer Rouladennadel prüfen. Bleibt beim Herausziehen aus dem Pudding Masse an der Nadel kleben, muss der Pudding noch länger garen. Erst wenn die Nadel beim Herausziehen sauber bleibt und der Pudding auf Druck mit dem Finger deutlich elastische Eigenschaften zeigt, ist der Pudding servierfertig.

Zutaten für 4 Personen:

a) Pudding:
400 g mehlig kochende Kartoffeln
4 frische Eigelbe
120 g Zucker
1 P. Vanillinzucker
1 EL braunen Rum
1 Msp. geriebene Zitronenschale
1/2 Zitrone
100 ml Sahne
1 Pr. Salz
4 frische Eiklar
30 g Butter
40 g Zucker

b) Grütze:
300 g frische Erdbeeren
300 g Rhabarber
150 g Zucker
1/2 l Rotwein
Pr. Zimt
1 EL Speisestärke

c) Garnitur:
einige frische Erdbeeren

b) Grütze:

① Die Erdbeeren und den Rhabarber putzen und etwa je 1/3 davon in einen Topf geben.
② Die Früchte im Topf einzuckern und mit Zimt bestäuben.
③ Den Ansatz mit etwas Flüssigkeit ziehen lassen und mit geschlossenem Deckel zum Kochen bringen.
④ Die weichen Früchte mit einem Pürierstab zerkleinern.
⑤ Die Stärke mit dem Rotwein anrühren, zu den Früchten geben und alles einmal aufkochen lassen.
⑥ Den restlichen Rhabarber in Stücke schneiden und nur sehr kurz mitgaren.
⑦ Die Grütze etwas abkühlen lassen und die restlichen kleingeschnittenen Erdbeeren dazu geben.

c) Anrichten und Garnieren:

① Den gegarten Pudding aus der Form stürzen und zusammen mit etwas Grütze anrichten.
② Die Teller mit einigen frischen Erdbeeren garnieren.

Süßer Kartoffelgratin
mit Zimt-Zwetschen und Vanillesahne

Zubereitung:

a) Vanillerahm:

① Die Sahne in einen Kochtopf füllen.
② Die Vanillestangen der Länge nach auskratzen.
③ Das Vanillemark und die Vanillestangen zusammen mit dem Zucker, Vanillinzucker und einer Prise Salz zur Sahne geben und erhitzen.
④ Die Sahne sollte einige Minuten nahe am Kochpunkt ziehen aber nicht kochen.
⑤ Anschließend die Sahne gut abgedeckt im Kühlschrank auskühlen lassen.
⑥ Nach einiger Zeit aus der kalten Vanillesahne die ausgekratzten Vanillestangen nehmen und die Sahne mit dem Mixer aufschlagen.

b) Gratin:

① Die Kartoffeln schälen, kochen, abdämpfen lassen und durch die Presse geben.

② Die Zwetschen entsteinen und in zwei Hälften schneiden und mit dem Zimt bepudern.

③ Die Eier sorgfältig in Eiklar und Eigelb trennen.

④ Das Eigelb mit der flüssigen Butter, der Sahne, dem Zitronensaft, der fein geriebenen Zitronenschale und 150 g Zucker vermischen.

⑤ Die Eigelbmasse mit den abgekühlten Kartoffeln vermengen und gut mischen.

⑥ Das Eiklar zu steifem Schaum aufschlagen und vorsichtig unter die Kartoffelmasse heben, damit diese Volumen erhält.

⑦ Eine flache, feuerfeste Form oder eine Springform mit Butter ausfetten und die Kartoffelmasse hineingeben.

⑧ Die Zwetschen rosettenartig in die Kartoffelmasse drücken.

⑨ Das so vorbereitete Gratin mit Zimt und Zucker bestreuen und im vorgeheizten Ofen bei 180 °C ca. 30 bis 45 Min. backen.

⑩ Das noch warme Gratin mit der Vanillesahne anrichten.

Zutaten für 4 bis 6 Personen:

a) Vanillerahm:
0,4 l Sahne
1 P. Vanillinzucker
2 Stangen Vanille
80 g Zucker

b) Gratin:
800 g mehlig kochende Kartoffeln
500 g Zwetschen
1 EL Zimt
4 frische Eier
50 g Butter
0,3 l Sahne
etwas Zitronenschale
4 EL Zitronensaft
120 g Zucker
30 g Butter
1 EL Zimt
2 EL Zucker

Tipp: Dieses Rezept lässt sich auch mit anderen Früchten variieren, z.B. mit Aprikosen.

Tipp: Wenn das Gratin zu flach gerät, wurde vermutlich zu wenig Volumen durch den Eischnee in die Masse gebracht. Damit dies nicht wieder vorkommt, kann man beim nächsten Mal ein halbes Päckchen Backpulver auf die ausgekühlten Kartoffeln stäuben. Das Backpulver sorgt dann für ausreichend Volumen.

Kartoffel-Quark-Strudel

mit frischen Feigen in Portwein

Zubereitung:

a) Schupfnudeln:

1. Aus den Zutaten einen glatten Teig kneten.
2. Den fertigen Teig in eine Schale legen, mit einem feuchten Tuch abdecken und 30 Min. im Kühlschrank ruhen lassen.
3. Den Teig auf einem Handtuch sehr dünn ausrollen

b) Füllung:

1. Die Kartoffeln schälen, kochen, gut abdämpfen, durch die Presse geben und abkühlen lassen.
2. Die Rosinen im Zitronensaft und dem Rum quellen lassen.
3. Den Magerquark mit der Zitronenschale, den Eiern und den eingelegten Rosinen mitsamt der Flüssigkeit vermengen.
4. Die Mandelstifte ohne Fett in einer Pfanne anrösten und ebenfalls in den Quark geben.
5. Die Quarkmasse auf den ausgerollten Teig streichen. Dabei sollte an allen Seiten mindestens ein Rand von 5 cm unbelegt bleiben.
6. Den Strudel mit Hilfe des Handtuches aufrollen und an allen Seiten gut verschließen.
7. Das Eigelb mit einer halben Tasse Wasser vermischen und den Strudel damit auf der Oberseite einpinseln.
8. Den Strudel auf ein Blech mit Backpapier setzen und im Ofen 20 bis 30 Min. bei 180 °C backen.
9. Den Portwein mit Rotwein, Kandiszucker und feinen Streifen von Zitronenschale erhitzen.
10. Den Zitronensaft mit der Stärke aufrühren und in das heiße Weingemisch geben.
11. Alles aufkochen und so lange einkochen lassen, bis die gewünschte Beschaffenheit erreicht ist.

c) Anrichten und Garnieren:

1. Die Feigen gut waschen und mit einem sehr scharfen Messer in Spalten schneiden
2. Die Feigenspalten zusammen mit einer Scheibe Strudel anrichten.
3. Alles mit der Weinsoße überziehen.
4. Die Teller mit etwas Puderzucker bestäuben und mit Zitronenmelisse garnieren.

Zutaten für 6 bis 8 Personen:

a) Teig:
250 g Mehl
1 EL Öl
1/8 l Wasser
1 TL Zitronensaft
1/2 TL Salz

b) Füllung:
300 g mehlig kochende Kartoffeln
250 g Magerquark
150 g Rosinen
Saft einer halben Zitrone
1/2 TL abgeriebene Zitronenschale
2 frische Eier
2 EL Rum
150 g Mandelstifte
1 frisches Eigelb
1/4 l roter Portwein
1/4 l Rotwein
80 g Kandiszucker
etwas Schale einer unbeh. Zitrone
2 EL Speisestärke
3 EL Zitronensaft

c) Garnitur:
8 frische, reife Feigen
etwas Puderzucker
einige Blätter Zitronenmelisse

Süße Schupfnudeln

mit gerösteten Haselnüssen und Apfel-Kompott

Zutaten für 4 Personen:

a) Schupfnudeln:
500 g mehlig kochende
  Kartoffeln
3 frische Eigelb
100 g Mehl
etwas abgeriebene
  Zitronenschale
2 EL Zitrone
1 P. Vanillinzucker
100 g Zucker
1 Pr. Salz
etwas Salz fürs Kochwasser

b) Kompott:
4 saure Äpfel (z. B. Boskop)
Saft 1 Zitrone
120 g Zucker
1 Pr. Zimt
$\frac{1}{4}$ l Apfelsaft
1 EL Speisestärke

c) Garnitur:
30 g Butterschmalz
200 g gem. Haselnüsse
50 g Butter
2 EL Puderzucker

Zubereitung:

a) Schupfnudeln:

1. Die Kartoffeln schälen, in Salzwasser kochen und gut abdämpfen lassen.
2. Die Kartoffeln heiß durch die Presse geben und auskühlen lassen.
3. Über die abgekühlten Kartoffeln das Mehl sieben.
4. Die Eier, Zitronenschale und Saft, Vanillinzucker, den Zucker sowie die Prise Salz unter die Kartoffeln kneten.
5. Vorsichtig gesalzenes Wasser zum Kochen bringen.
6. Aus dem Teig mit den Händen fingerdicke Schupfnudeln rollen und im Salzwasser 3 Min. garziehen lassen.
7. Die Schupfnudeln herausnehmen und beiseite stellen.
8. Wenn das Kompott fertig ist, die Schupfnudeln in Butterschmalz anbraten und auf Küchenpapier entfetten.

b) Kompott:

1. Die Äpfel schälen, das Kerngehäuse entfernen und die Früchte in Stücke schneiden.
2. Die Apfelstücke mit dem Zitronensaft marinieren, damit sie nicht braun werden.
3. Die Apfelstücke mit dem Saft, dem Zucker und dem Zimt einmal aufkochen lassen.
4. Den Apfelsaft mit der Speisestärke aufrühren, zu den Äpfeln geben und nochmals kurz aufkochen lassen.
5. Das Apfelkompott auskühlen lassen.

c) Anrichten und Garnieren:

1. Die gemahlenen Haselnüsse ohne Fett in einer Pfanne anrösten.
2. Vor der Zugabe der Butter die Pfanne von der Herdplatte ziehen. Dabei schäumt die Butter stark auf und bräunt leicht.
3. Die Schupfnudeln auf einem Teller anrichten mit den gerösteten Haselnüssen und etwas Butter bestreuen.
4. Alles mit Puderzucker bestäuben.

Tipp: Beim Braten der Schupfnudeln ist darauf zu achten, dass das Fett in der Pfanne ausreichend heiß ist. Ansonsten saugen sich die Schupfnudeln sehr stark mit Fett voll und werden in der Pfanne matschig. In jedem Fall sollten die Schupfnudeln vor dem Anrichten auf Küchenpapier entfettet werden.

REZEPT-VERZEICHNIS

Die Mitwirkenden

Lutz Behrendt
geboren 1963

- Ausbildung zum Koch im Bremer Ratskeller
- Tätigkeit als Koch im Bremer Park Hotel
- Lehramtsstudium für berufsbildende Schulen mit den Fächern Lebensmittelwissenschaft und Germanistik
- seit 1998 Studiendirektor und verantwortlicher Koordinator der Abteilung Ernährung an den Berufsbildenden Schulen Soltau

Jens Stumpf
geboren 1968

- Ausbildung zum Koch im Ringhotel Celler Tor
- 1995 Küchenmeisterprüfung in Hannover
- 1. Vorsitzender im Verein der Celler Köche
- seit 1999 Lehrer für Fachpraxis an den Berufsbildenden Schulen Soltau

Peter Gauditz
geboren 1937

- Ausbildung zum Fotografen in Magdeburg
- Meisterprüfung 1963 in Hamburg
- seit 1971 Studio für Werbefotografie in Hannover
- Tätigkeiten in der Schweiz, New York, Hongkong und Japan
- zahlreiche Gruppen- und Einzelausstellungen
- 1973 für das beste Beauty-Foto den „Quader" für Werbe-, Mode- & Industriefotografie

- einige Mitgliedschaften und Berufungen in fotografische Institutionen, u.a.:
  - berufenes Mitglied der Deutschen Gesellschaft für Fotografie (DGPh)
  - berufenes Mitglied der Deutschen Fotografischen Akademie

Bildnachweis:

aid, Bonn:	37, 42
Erhard Brütt, Hannover:	11, 12 unten, 22, 23, 24 oben, 25 unten, 26, 35, 36
Ulrike Clever, Hannover:	18, 24 unten, 27, 33, 38, 39, 40 unten, 41, 82
CMA, Bonn:	21, 28, 29, 42, 47,49 oben, 57, 58, 59, 60, 63
deltapress GmbH, Bad Griesbach:	10
Peter Gauditz, Hannover:	Titel und Innentitel, 5, 40 oben, 44, 45, 49 unten, 50, 52, 55, 56, 62, 65, 67, 69, 72, 74, 78, 84, 90, 94, 103, 104, 118, 120, 125, 128, 134, 140, 146, 148, 152, 156, 158, 161, 162, 166, 172, 176, 178, 182, 184, 190, 191
Grimme Landmaschinen-fabrik GmbH & Co. KG, Damme	14, 15
Ernst Harstrick, Diepholz:	12 (lila Blüte)
Erich Kuch, Hohebach:	12 (weiße u. rosa Blüte), 13, 34, 122
Sibille Müller, Raubach:	20
Römertopf Keramik GmbH, Ransbach-Baumbach:	30

Notizen

Notizen

Kochen zu allen Jahreszeiten!